无可P美

唯有梦想值得义无反顾

小P老师 著

華中科技大學出版社
http://www.hustp.com
中国·武汉

序1 | 范晓萱

认识小P有20多年了，我们可以算是一起在这个圈里成长的！都是很小就出道，我俩的缘分也从那时开始。

1995年，我出了第一张专辑，那时的小P也刚进入这个圈里没多久，因缘际会下，我们因为《你的甜蜜》这首歌开始合作，包括《健康歌》……那个阶段是我人生中最忙、工作最密集的时期，常常去香港做宣传，有时几天内就有二三十个通告，每个通告都要做不同的造型，而小P都得变出来！我想，当时会有人叫我"百变小魔女"，除了我的音乐风格多样外，部分要归于小P的功劳。

由于我们差不多同期出道，年龄又相仿，所以很快地我们就打成一片，成为无话不谈的好朋友兼工作伙伴。当时我在小P身上，看到的是年轻人的努力、认真、细心与毅力，以及他的敬业态度与源源不绝的创意。他总是能变出新花样、新形象，这使得他在那段辉煌的时光，完成许多“不可能完成的任务”，也建立了我们共同打拼的革命情感！

我们会在互相尊重的前提下讨论造型，他会提出他的想法，我会提出我的意见，有时他会需要我的想法，有时我会需要他的意见，这样一来一往擦出的火花，总是让我们乐此不疲，并常常有意想不到的惊喜出现！

这样的关系是建立在完全的信任和默契上的！

小P总是在自我进步，造型、彩妆、保养、发型………很快地，他就变成以上这些都可以一手包办的“全能造型师”。这些都是他努力钻研和亲身体验所得到的成果，而他的慷慨也是他成功的原因之一，他就像是我们这群姐妹的小博士、试验先锋！什么保养品、化妆品，或是想要追求怎样的效果，问他就对了。他总是毫不吝啬地跟大家分享他的各种心得，我们常说，有你这个朋友真好，真幸运！

一路以来，他对他喜爱的东西不曾停止过钻研，直到现在，仍像个孩子般地保有好奇心，充满热忱，这造就了他的专业成就与广阔视野。而他生性乐观，总是正面积极地看待事情，这种态度让许多事都不成问题了！他的善良热心，让人看到他的心有多大，他从不会让别人感到不舒服……要讲这个我认识 20 多年的好朋友，几天都讲不完了。我们之后都各自在不同的领域里继续学习、体验、尝试、突破、蜕变……虽然不常见到，但看到彼此的坚持与成长，都会为对方感到开心。有时的偶遇，更是充满一切尽在不言中的喜悦与感触。

小 P 用这本书跟大家分享他的心路历程，并且用他的经历来鼓励年轻人，希望大家看完这本书之后，除了更了解小 P，更重要的是能从他的字里行间有所收获和启发！

祝大家阅读愉快！
祝我的老朋友小 P 继续在喜爱的人和事物中得到灵感与乐趣！
Good Day（每天都是好日子）

序 3 | 雅俊

小 P 老师对我来说是亦师亦友的存在，与小 P 老师初识，是在录制《美丽俏佳人》的时候。我一直从事美妆造型的工作，对美业的执着近乎狂热。当时已经成为亚洲知名造型天王的小 P 老师，是我一直以来的榜样、奋进目标。为了进一步提升自我价值，在机缘巧合下，我到了小 P 老师的造型学院进修。对待学生，他毫不吝啬，倾力付出。在朋友面前，他又像个单纯的大男孩，能发现这世界上所有美好的事物，就这样，我被他的热情与执着所感染，在他身上我学到了许多专业以外的东西。

在青春年少时，梦想还是要有的，别说你做不到，也别说不可能，虽然这个过程不会简单，你可能要付出比常人多千倍万倍的努力，你可能会觉得很遥远，会想要退缩，但那是你的梦想，不用尽所有的力气奋力一搏，你怎么就知道一定不会实现呢？想要实现就要无怨无悔。当我看到小 P 老师出的这本新书时，我对追求自己梦想的信念就更加坚定！这本小 P 老师的自传，戳中了无数怀有梦想、奋发前进的年轻人心中最柔软也最坚强的地方。在书里，我们会看到小 P 老师展示出的、常人难以想象的毅力，实现小目标时按耐不住的澎湃……无论顺境逆境，他依然倾心于他热爱的事业。

我想这本书会是指引无数年轻人奋发向上的明灯，从这里，他们可以悟透人生，开阔视野。书中的观点新颖，逻辑严密，小 P 老师常常话锋一转，从个人经历到人生感悟，寥寥数语，至简至真，既给人讲述了真实的故事，又给人思想上的启迪。希望更多的年轻人细细品读，找到坚持梦想的理由，祝好！

璀璨美容有限公司 CEO

序 4 | 文子

我中学没毕业就开始参加工作，小时候最大的梦想就是成为一位美术老师，步入社会后，我发现离我梦想最近的行业就是时尚业。

我眼中的小 P 老师是一个工作超级认真、性格特别可爱、生活有品位、做事有规划、包容的人。

2008 年的时候我有幸跟随老师学习，记得我刚开始和老师出去录节目，即兴奋又忐忑，兴奋是因为觉得自己幸运，忐忑是担心自己经验不足。有一次，老师带我去南京做活动，有几个模特需要做造型，与他们简单沟通之后，我就急忙开始操作，在店里游刃有余的我忽然变得手忙脚乱，慌慌张张地做完了老师叮嘱的工作，忐忑地等老师“验收”，小 P 老师迅速地拿起工具帮我做了调整，我注意到老师后背衬衫都湿透了，他还微笑地安慰我说：“还好啦！”紧接着又去忙其他工作。我站在旁边愣了一会，不知道该说些什么，做些什么，唯一的希望就是不要拖老师后腿，影响活动效果。

事后，老师回到北京，并没有因此放弃我，陆续给我安排了很多工作，还开始尝试让我录节目。看镜头紧张、忘词、普通话不标准、对节目流程不清晰的我不记得给老师添了多少麻烦，尽管老师会给我讲清楚具体解决方法，但这些工作给我带来了不少的压力，当然我也想过放弃，但我又想，一定要证明自己，即使付出一切代价，也要对得起老师的栽培，更要对得起自己。

类似的经历有太多，我就是这样磕磕绊绊地成长着。一路走来，从店内的发型师幸运地的成为老师事业上的合作伙伴，从以前的一无所有到现在肩上沉甸甸的责任，实现了梦想中的生活和工作，收获太多，改变太多。小 P 老师的时尚嗅觉和生活方式无时无刻都在影响着我。一路鞭策，更一路推着我走到今天。

小 P 老师的新书终于和大家见面了，希望像曾经的我一样的小伙伴可以在老师分享的经历中得到启发，有所感悟。让我们一起感受老师的魅力与能量！

P.Style 造型联合创办人

序 5 ｜ 李静

小 P 老师告诉我他准备出一本书，不是关于化妆扮靓的，而是关于工作的一些小故事。写下这本书的初衷是，希望更多像他当年一样懵懂的揣着希望、坚持地做着自己喜爱的事情的年轻人能够梦想成真！

我听了很兴奋，觉得这本书太好了。因为，真正的自信源于内心。虽然外表的美丽也可以给人自信，但因为自己的成就、自己的价值带来的自信，会沉淀出一种气质，那是另一种专属的美丽——这就是为什么我们看到很多人，年龄渐长却更有味道，穿衣品位、举手投足、言语之间，都让你觉得很有魅力！

我觉得私下工作中的小 P 老师，散发出来的魅力更甚于在台前（我要被挨罚了）！这跟他的帅无关，而是他专注认真的样子很迷人。比如他在倾听我们对某个主题的设想之后，总是会给出令人兴奋的 idea（主意），从来不会因为自己名气很大而流露出一种态度：OK 啦，反正上台只要我开口随便说什么都行！当你热爱一个行业时，你就能看出和你一起工作的其他人是热爱工作的人，还是机会主义者？两者最大的区别是：热爱工作的人，在谈工作的话题时是不知疲倦的，而且不是为了结果或钱。即使没有条件没有经费，也要创造条件达成自己的意愿。机会主义者看重的是一个行当是否既耀眼又可以赚钱，在遇到挫折或者发现现实跟想象不同时就开始找理由逃避，怪别人、怪处境、怪运气。所以你是不是热爱自己的梦想，应该是你选择一个行业的起点！

当然，很多人都有梦想，但是很多人的梦想都破灭了，因为他们真的没有足够的勇气和耐心迎接麻烦跟考验，或许只有好奇没有热爱！我当时辞职出来，觉得一定要做一个属于自己的节目，创业做自己的公司、自己的节目。我做了节目才发现我得拉广告，我得找投资，我还得知道北京什么地方的棚最便宜。最后我觉得一天当中我做的大部分事情，是跟我的创作没关系的，你发现原来你要做一件事情时，先要学会做一堆事情。当我们得到了一个我们最想得到的，我们的梦想成真之前，你会先得到十个烦恼的小样，才能得到最终的大礼包。每个人都有他最独特的潜能，不要把别人想得太强大，也不要把自己想得太渺小，抓住机会做好那个独一无二的自己！

很多年轻人会在我的微博微信留言，问我：他要不要去大城市打拼？要不要辞职去创业？我想说，如果你非常想做一件事，一定要义无反顾地去做，不要管父母的阻挡、旁人的眼光。大多数人赞赏跟肯定的决策，一定是一个只能达到五分（满分十分）而且没什么机会的事情！

从台湾到北京，我想小 P 老师最初应该也曾遇到很多不公平的对待，或者付出多于回报的情况，但我从没听他抱怨过。也许他觉得自己的热爱足以让他有勇气留在北京，作为一名北漂开创自己的一番天地！

最后我想跟大家分享一个人生信条：成功是赚到了，失败也不可耻，因为你经历的事情比之前要多。

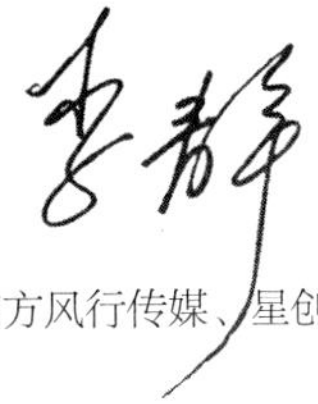

著名主持人，东方风行传媒、星创投基金创始人

目 录

第 3 站

第 4 站

第 5 站

第 6 站

第 9 站

第 10 站

第 11 站

写在前面的话

在娱乐圈里，造型艺术是一门众人关注的显学。

对于明星而言，美丽是基本，时尚才是他们行走江湖的兵器。

二十几年来，我摸索在这个圈子里，与明星们一起，曾如履薄冰，也曾顺风顺水。今日看来，每一种经历，都是岁月赐予我的雕刻刀。

我也渐渐懂得，这门显学背后所需要的隐学，跨越了诸多领域和专业，需要我用一生去学习和探索。

– – –

我出过六本书，都是关于美容和造型。而这一次，我鼓起勇气想诉说我自己。

站在各种悲喜交集处，我想要把沉睡的时光摇醒，触摸和审视我走过的路，拥抱那些塑造我的人与事。

我想给自己一些时间，静下来，回望记忆里的人间烟火。

–　　　　　–　　　　　–

理想，是个痛快的决定，也是个曲折的实现过程。
痛快的决定，因为每个人，都有权以自己选择的方式成长。
曲折的过程，因为向着一处目标，含泪奔跑是必经之路。

–　　　　　–　　　　　–

我曾是城市里的深夜未眠人，如今不再和自己较劲，找到了沉静的力量。

走的路多了，看的风景也多了，就平和了。

可是，回望那些年，我吃过的苦，逞过的强，犯过的错，流过的汗。
我深深感慨，追逐梦想的人生，才是值得回忆的。

心安，所以理得。

是时候去检阅那些快乐与忧伤了。

P

第 1 站

年少：

我和世界
爱着你

穿一件衣服的时候，你想向世界表现怎样的自我。

想清楚这个问题，付出时间去慢慢摸索，就会找到适合自己的风格，这是自我塑造的一个部分。所以，当你搞不清楚自己想要穿什么，那不仅仅是衣服的问题，还要再想想关于灵魂的问题。

当然，这一切的前提是，你有自我塑造的愿望。

在茫茫人海中，想要寻找到那一个独一无二的自己。

美，是外婆的屋顶花园

作为造型师，有时会被记者问到一个问题，“你对美的定义是什么？”我总是笑笑，告诉他们，这个答案很长，完全可以在大学里开上一门艺术理论课。

这确实是一个很难即时回答的问题。美的认知，美的感受，美的见解，都有着无穷尽的疆域，我付出了很多时间去探索，发现它并没有边界。两千多年前，苏格拉底与希庇亚斯展开了关于“美是什么”的辩论，却没有结果，最终苏格拉底长叹一声，发出“美是难的”的感慨，让这个看似简单的命题，成为美学领域的哥德巴赫猜想。

在生活里，美也是一件值得玩味的事情。因为心境与眼光的不同，所以有着千差万别的有趣体验。同样一双绿色解放军胶鞋，在上个世纪的中国，是最平常不过的必备品，但在如今西方某部分市场里，它却可以带给人时尚的感官冲击。它更多是一种心理体验的外化形式。所以没有放之四海而皆准的标尺。所以，也没有统一的标准答案。

对于一个孩童来说，美是母亲头上扎的一条头绳；对于一个少女来说，美是隔壁班同学身上的白衬衫；对于一个耄耋老人来说，美是一张泛黄的相片。

美，就是专属于你的一个开关。有那么一瞬间，它让人们的眼神焕发出光芒，开启难以言说的心理体验。造型师的工作，就是打开那个开关。

我生命里的第一个开关，是外婆的屋顶花园。

出生于台湾的70年代的我，是一个生长在普通家庭的小孩。

时光总是交错在意味深长的细节里，很多习惯了步履匆匆的人，都很怀念那个年代的古朴和简单。

那个年代，诗歌、美学、音乐等流行文化都处于萌芽的阶段，带着原始的张力。我在这样的背景下出生，后来因为选择了造型师这个职业，常常让很多人猜测，我小时候应该生活在一个活跃开明、有机会接触很多新鲜事物的家庭环境中，其实还真的不是。

— — —

我的父母亲都是上班族，过着按部就班、井井有条的日子。父亲是一位建筑师，他的思维与教育方式就像盖房子一样严谨和教条。我和弟弟从小就被灌输一种观念，就是每一个小朋友都应该努力学习，就像建筑大楼要打好地基，以后逐步考试、升学，直到毕业后找到一份安稳优渥的工作。

跟很多小孩一样，我其实不太喜欢学习，也不喜欢这种听起来毫无趣味的安排，但是我也不知道应该怎样做，好像大家都是一样，所以就乖乖听话，按照父母的意思做。未来是什么样子？未来自己会成为什么人？这是小孩压根不会去思考的问题。

但站在今天回想，如果要说起关于美的启蒙，我一定会想到外婆的屋顶花园。

小学时，因为父母工作很忙，我和弟弟就住在外婆家，周末才回去跟父母相聚。外婆喜欢花花草草，她有一个很棒的屋顶花园，每天她都精心打理那个花园。从外婆身上，我学到很多。比如热爱生活，就从认真对待一株植物开始。那需要很多耐心，还有发自内心对美的感触和喜爱。

每一株植物都有它们的个性，需要对它们用不同的照顾方法，而它们也会绽放出不一样的美。外婆精心照料它们，我和弟弟喜欢围在她身边看着，时间就那样缓缓慢慢的流淌，现在想起来都觉得特别美好。

因为喜欢，就会乐于花费时间去研究，去享受。外婆最大的快乐就是把那些花盆搬来搬去，每一次变化位置，花园都会呈现出不一样的美，在我们小孩子的眼睛里，特别神奇。后来，因为打理花园，外婆还拿过台北市最美花园比赛的冠军，超厉害。

— — —

现在每次回到台湾，外婆还是把我当小孩，给我炖冰糖雪梨水喝。她注重生活细节，喜欢养生，对食物很讲究。她会把梨中间的核挖掉，将枸杞、大枣、桂圆塞进去，慢火炖煮。她不放冰糖，而是让梨子释放原有的甜味。这种对待生活细节的态度，深深影响了我。

我现在住在北京，虽然工作很忙，会飞来飞去，可是一旦有空闲时间，我也会躲在自己的小小花园里放空大脑，看着那些植物每天都发生着微妙的变化，我感到很惬意很舒服。有时候，我闭上眼睛，好像穿越到了外婆的屋顶花园，回到了小时候。

艺术的审美，可以延伸到生活的方方面面，成为充满韵味的生活美学。它从来不是刻意而为的高雅，而是埋藏在血液里的生动细节。

小毛孩的服装理念

时尚是个很宽泛的定义，可以包罗万象，无论是饮食、语言，还是心理、建筑，只要是可以形成风格，或者可以形成反风格的生活方式，都可以囊括其中。

但如果回归到它的英文原词 fashion，时尚就是一件最具体的小事——穿衣服。它始于法国的宫廷，是皇后的服装秀。小女孩们的布娃娃，竟然是时尚最早期的传播工具。

在日常生活中，服装是一种生活态度的符号，可以在一定程度上显示穿着者的性格、职业和生活环境。无论什么年纪，穿着得体，打扮适宜都是对自己和他人的尊重。一个人对服装搭配有概念，是从自我意识的诞生开始。

养成时尚的大环境很重要，首先需要有参差多样的设计来刺激人们的感官，在这一点上，我只能感叹现在的时尚环境更加成熟。

在一个人幼年的时候，对美的感知就已经开始了。现在看到周围很多朋友家里，婴儿的衣服、鞋子都多到穿不完，各种款式和颜色，父母买的，朋友送的，恨不得把百货公司搬到家里。

而在我们小的时候，还远远没有这种条件和氛围。大多数小孩的衣服都是父母买回来的，而他们并不会花心思在衣服的款式上。所以孩子们也不大在意穿什么，因为大家都差不多。

在这方面，我好像与别人有那么一点不一样。

— — —

小时候我很喜欢周三，因为这一天母亲只有半天班，她会把我们带到公司附近去上才艺班。可能是从小就对有色彩的东西很感兴趣，我选择了学习画画。色彩也是时尚的一个重要元素。

我很希望由自己决定穿什么衣服，那时没有意识到其他人不是这样。我只是单纯不喜欢父母拿来的衣服，想要自己选择和搭配。

母亲是第一个发现这一点的人。每一次跟母亲逛街，弟弟总是乖乖接受母亲挑选的衣服，而我则坚持自己选择另外一件。要知道，这样的坚持和反抗都是冒着被揍的风险的。

在当时的社会体系下，亲子教育的观念还比较传统，“不听话”是孩子的重要罪行之一。其实在正确的教育观念里，“不听话”时常是一种优点。

— — —

不论怎样，因为买衣服，我常常被揍。我的性格很倔强，遇到事情不会告饶，就很吃亏。弟弟在这方面比我聪明很多，犯了错的时候，他的嘴就像抹了蜜，求饶的话随口就来，“对不起，我错了，以后真的不会这样了”。

我就打死也不说这样的话，所以很吃亏。越是认定自己没错，结果一定是被打得越惨。每次去逛商场买衣服，都是我挨揍几率很高的日子。母亲也很头疼，认为我有些难搞。那时候我们都不会想到，未来有一天我会把这件事情变成自己的职业，变成一生去研究和探讨的领域。

世上不存在时光隧道，可以找回小时候缺失而又隐隐渴望的美学启蒙。感恩各种遇见，才是应该抱有的态度。

后来，我游走在世界各地，邂逅那些别致的服装。每一次行程，都像开启一个未知的礼物，永远不知道有什么惊喜。每当这个时候，就觉得当年挨的揍都是值得的。

渴望和别人不一样

穿一件衣服的时候，你想向世界表现怎样的自我。

想清楚这个问题，付出时间去慢慢摸索，就会找到适合自己的风格。这是自我塑造的一个部分。所以，当你搞不清楚自己想要穿什么时，那不仅仅是衣服的问题，还要再想想关于自己的灵魂问题。

当然，这一切的前提是，你有自我塑造的愿望，而不仅仅满足于“千人一面”和“千人一型”。在茫茫人海中，想要寻找到那一个独一无二的自己。

随着社会导向的建立，现代人习惯于按照风向标来建立自己的生活标准和美学标准。可是失去了自我独特性，时尚是不成立的。我们都需要用外物来塑造风格，而选择各种外物的品位，其实源于内心。

小时候虽然没有理性思考过这个问题，但是跟随我内心的直觉，我在不断寻找那个独特的自我，并努力将其外化。我也渐渐发现，原来不是每个小孩都和我一样，对挑选服装这件事情感兴趣。比如我的弟弟。

我们有很多共同点，常常一起玩耍淘气。但是对于服装，他真的不愿意多花一分钟的时间。再观察周围的同学，很多人都觉得有那个精力不如拿来玩游戏，或者专心读书。

– – –

时尚最开始的时候常常源于模仿，小孩阶段都是胡乱买，大一点后，接触到比较多的日本年轻的偶像，比如柏原崇这一类，也开始喜欢往那个路数去打扮。

但当时台湾的学校是有发禁的，男生的头发要很短，女生的头发规定在耳朵下面大概一公分。因为当时台湾的教育是要大家不去想一些学习之外的事情，要把所有人塑造成一个样子。所以我们都要穿校服，而且校服往往都是很肥大很丑。

既然一定要穿校服，我也有一些方法，可以让自己的形象看起来更好。最开始我还不会去改衣服，但是会自己把袖子折好。裤子也是，因

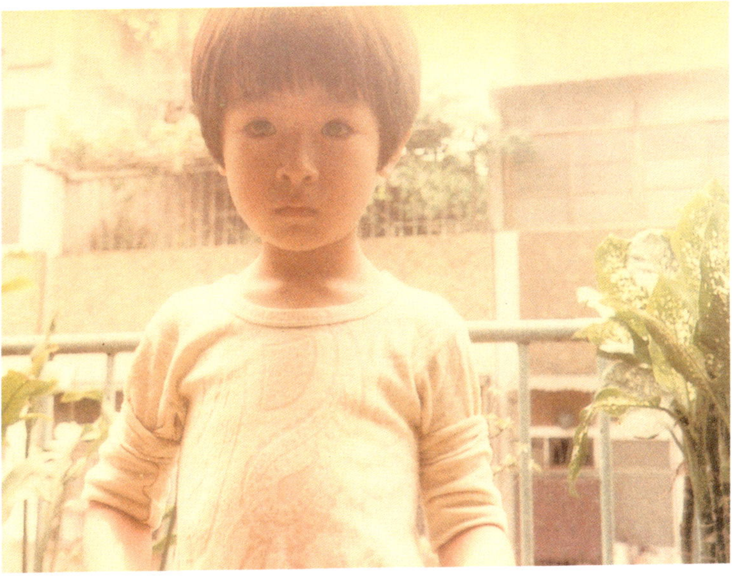

对于一个孩童来说，美是母亲头上扎的一条头绳；对于一个少女来说，美是隔壁班同学身上的白衬衫；对于一个耄耋老人来说，美是一张泛黄的相片。

世上不存在时光隧道，可以找回小时候缺失而又隐隐渴望的美学启蒙。
感恩各种遇见，才是应始终抱有的态度。

她说，年轻的时候就要尽量放手去闯，实在不成功的话就回家好了。正是这句话，让我体验到了亲情如山一样的力量，只要它在那里，我的心就是安定的。

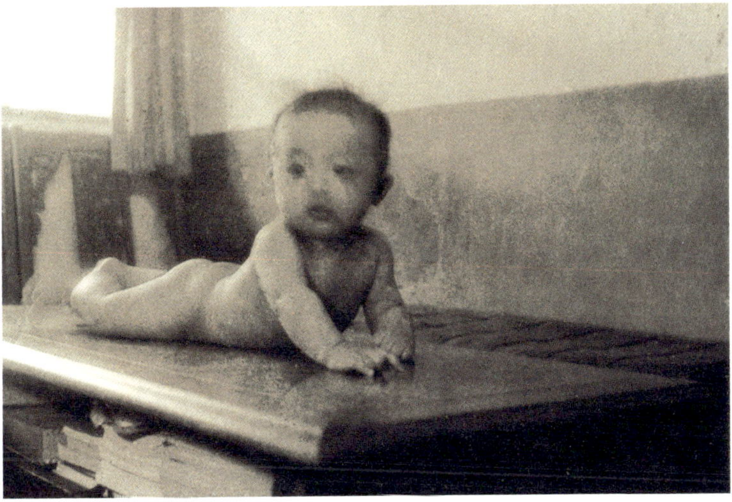

时光总是交错在意味深长的细节里，很多习惯了步履匆匆的人，都很怀念那个年代的古朴和简单。

青春的某一个阶段，想要突破规律挑战权威，建立自我的秩序与王国，这没有什么错，只是生命演变的自然规律。

为很直筒很肥大，所以都要按照身材折起来，然后卷上去，就会变得合身了。我时常使用一些类似的小心思，当时我们同学就觉得这个人怪怪的，大家穿得都一样，肥大一点有什么关系。

后来到了高中，我就会把零用钱都存下来。很多同学都是存零用钱去打电动，但是我却是去定做校服。就是找到专门的地方，可以量身定做，料子和款式还是学校规定的那样。

— — —

那时候我开始关注跟时尚相关的一切，有一次跟妈妈一起去美容院，听那里的发型师闲聊，他们在聊染头发应该用所过氧化氢，加几度等。我听不懂，但是就默默记住了。

因为父母很严格，我根本不可能出去染头发，但又觉得明星的头发颜色很漂亮，就会自己琢磨。于是找到了家里擦伤口的过氧化氢，每一天洗澡洗脸的时候倒在棉花上擦头发，擦久了之后它真的就变黄了。

颜色变了，就觉得自己跟别人不一样了。现在回想，很可能是被染坏了，但是当时觉得很酷很时尚。

回头看以前的服装和造型，只能用惨不忍睹来形容。但看了很多艺术家和造型师的历程，发现每个人都有类似的探索过程。在寻找个人风格的过程中，你也会有同样的感受。

通过不同元素来打造自己独特的形象，这期间一定会犯错。希望和别人不一样，这就是时尚最开始向你发出的邀请。因为时尚从来不是复制和追随，而是寻找独一无二的自己。

建筑师职业体验记

关于个人的职业选择，我曾有过迷惑。

世界常常的样子是，在不懂爱情的时候，面临爱情的选择；在不懂职业的时候，面临职业的选择；在不懂婚姻的时候，面临婚姻的选择。甚至到底是谁选择了谁，也是一个悖论。

职业选择，是人们进入社会的重要行为。向左走，还是向右走。选择的秘诀是，站在那个交叉路口之前，多出去走走。

按照父亲最初的规划，我们应该继续走他建筑师的道路，最起码也是兄弟之一能够子承父业。父亲很热爱自己的职业。在那个年代，建筑师的工作虽然辛苦，但是薪水还算可观，并受人尊重，用现在的话来说，那是一个高大上的职业。

— — —

一个暑假，整日无事可做的我可能让父亲感到头疼，于是他把我安排到朋友的建筑事务所去实习。那时我还是一个正在读初中的毛头小子，建筑对我来说是一个陌生的词，就像是那些拗口的俄文和法文一样，让人摸不到头脑。

我硬着头皮去到了父亲朋友的公司，可我心里明白，我压根什么都不会，就算是去了，也就是提前体验一下成年人的工作氛围。

我低估了自己，谁知道他们会给一个还在上学、仅仅是去体验生活的小孩一份艰巨的任务。事务所有很多手绘的建筑图纸，他们交给我的任务就是，把这些手绘图纸变成电脑里的三维立体图，他们甚至要求在一栋大楼里小到一颗螺丝钉的细节都要毫厘不差地呈现在电脑上，怎么样，够艰巨吧？

接到任务的我不知所措，不敢相信这家公司这么大胆，也不敢相信自己的能力。或许父亲的真实意图，是让我体验一个建筑师必须具备的细腻和责任。在短短的实习过程中，我也深深体会到了这一点。一颗螺丝钉的位置，哪怕是微小的差距，都会导致后面的工作无法继续，前功尽弃。

可是这相对我的个性来说，简直比做一百道数学题还要让人崩溃，那短短的一个月假期，我觉得自己就是一个机器人，每天去到事务所，第一件事情就是打开电脑，一坐就是一天，默不作声地计算着各种数据，让人崩溃。

— — —

那时我并不知道自己在未来会走向造型师这个行业，但我已经十分确定自己不会成为一个建筑师。父亲的期望，注定要在我身上落空了。一个人的职业，不仅仅是其谋生手段那么简单。艺术家追求美，科学家追求真理，那其中自有一番深切的情感体验。倾听内心的声音，选择在本质上适合自己的东西，才有机会成为与众不同的存在。

孔子说，“知之者不如好之者，好之者不如乐之者”，我深以为然。一个人坚定而执着地追求一项事业，这种追求源于兴趣，符合心灵的深度需要，才不枉走过这一世。

关于一颗下落的雨滴

无论是有心栽花，还是无心插柳。一件小事，真的可以改变一个人的人生轨迹。但我深信，每一个看似偶然的瞬间，都是必然的发生。

我虽然性格有一点倔强，对很多事情会坚持自己的看法，但我不算是很叛逆的孩子。我的学习成绩一直还不错。虽然不喜欢学习，但是因为家教很严，当时也不觉得自己可以跳出框框，走出一条别的路，所以就乖乖顺应。

人生很多事情难以预料，当弟弟提出要考华冈艺校的时候，我也并没有意识到自己的人生将要发生转折。

在台湾，华冈艺校是出了很多明星的造星学校。林志颖、大小 S、吴佩慈、阿雅、苏慧伦都毕业于此。弟弟拉着我去陪他考试，因为要去很远的位于郊区的阳明山。于是为了说服我，他抛出了很诱人的理由——“华冈艺校跟所有的高中都不一样，学校不设发禁，也不用穿校服，每个人都可以最大化地打扮自己来突出个性，所以都很酷喔。”

老实说，这个理由十分打动我，我就陪他去了，心中十分好奇，想看看他们的打扮到底奇特到什么地步。

因为华冈艺校在阳明山上，如果要等待，就需要在操场上坐一整天，太无聊。弟弟说不如你也报考吧，还有点事做。没想到，我就这样阴差阳错进了华冈艺校。

– – –

直到今天，我也不知道自己是如何考上的。

当时考生要按照号码一个一个进去，考表演。而我是那种很害羞，天生惧怕表演的人，真的没什么天分。当天抽到的题目是“演一颗下落的雨滴”，很奇葩。

这么抽象的题目要如何演，我只觉得大脑一片空白，不知所措。后来转念一想，反正我是陪弟弟来的，就胡乱演完快点下台吧。胡乱发挥了一通，我迅速逃离了那个教室。

揭榜后，弟弟没有考上，我的名字却赫然在目。这个结果让我很意外，但我开始认真思考这个结果。最后的决定，让我喜忧参半。喜的是，没有发禁和校服的学校对我来说简直就是天堂。忧的是，我究竟要如何跟父母交代这一切。

人生就像一盒口味各异的巧克力，你永远不知道下一块将会是哪一种口味，这是阿甘的妈妈说的。她的处世哲学深深影响了我，于是我想，总会有办法的。

或许年轻时，我们都需要些偶然，来借以回归真实的自己。

奇装异服的青春不遗憾

在青春的某一个阶段，我们会想要突破规律，挑战权威，建立自我的秩序与王国。这没有什么错，只是生命演变的自然规律。从站在父母影子里面的小跟班，到想要追求自己人生的主体，实在是一件值得欢喜的事。

开始研究复古的衣服，常常去二手市场淘一些五六十年代的尖领花衬衫、喇叭裤、厚底鞋。现在，我都没有勇气看那时的照片。

但在校园里，只有这样的打扮才是正常的，平庸反而奇怪。我们都在年轻的岁月里最大化地实验着、尝试着、释放着，非常畅快。不过，只要出了校园，我们就会变成路人关注的焦点，被上下打量。我也常常要把夸张的衣服都换掉，换成正常衣服才敢回家。在父母的眼里，他们接受不了一个穿奇装异服的儿子。

我们曾怀抱着稚嫩的时尚观念，刻意追求着与众不同。但这些都不重要，重要的是，青春的某一个阶段，可以有一个空间大胆释放体内的自由因子，这就是莫大的幸运。

P

第 2 站

锦时：

致我们终将逝去的好时光

年级每个人功课都是一样的。因为要打下国剧武功的基础，学校安排了大量的表演课，类似于倒立、空翻这种都会有。

对在众人面前表演，展示自己的身段，我感到特别尴尬。每当让我在很多人面前变成焦点，我就很不适应，很不自在。

— — —

因为学校是在阳明山上，大概就有一个季节，只要过了下午两三点就会起雾。起雾之后，教室里的老师大概只能看到前三排的学生，后面都看不到人了。我们就会偷偷溜走，没有人知道。

这是一种逃避，可惜到了考试的时候就谁也跑不掉了。

考表演基本功的时候，比如第一阶段学的是倒立，那么考试内容就是你必须倒立五分钟，你才会有六十分，万一专业科目当掉的话，就会留级。然后第二阶段学的是空翻，你要跑过去空翻，空翻过去站稳就有八十分，空翻过去摔倒就有六十，也能及格，但是分数低。翻不过去，那就惨了。

每一次到表演课的时候我都偷偷溜走，等到要考试的时候，我就很担心。心想完了完了，不会被留级吧。可是咬着牙冲过去一空翻，就站住了。我的同学都很气，就会觉得明明你上课都溜走的啊，但是为什么这样，心理很不平衡。

现在想想，我觉得那时候就是肾上腺激素被刺激的效果。因为心里一直想，天啊，不能留级啊，留级回去跟父亲怎么交代，很可能会被骂。倒立的时候我的手都在抖了，汗水大颗大颗滴在地上，但是就想说，一定要撑到六十分才可以，于是拼了命。

我的考试运虽然还不错，但对于考表演的科目，我还是很害怕的。学校里有很多人很享受那个状态，可是我就是做不到。

我们学校有五大科系，舞蹈、戏剧、国乐、西乐、美术，前两个科系的百分之九十的学生都是特别有表演欲的，我就是真的没有，每次上表演课我就浑身不自在。

很多人觉得我现在一定克服了这个状态，其实依然没有。在一个工作场合表达或者操作自己专业的那部分，我都 ok。但只要涉及表演，我就会崩溃。如果主持人临时让我做一些很不像我做的事，我会满身冒汗。有时候录影的时候，他们或许就会说，“小 P 老师，来，跳个舞吧”。我就会立刻崩溃。

每个人都有自己的特长，也会有局限。如果可以正确去看待它，就会更加了解自己的优势与劣势。扬长避短，适当突破。

人无完人，缺憾是人生的常态。所以力求做到不强求，不执着，随遇而安。当学会接受这些不完美，即是人生的成熟。

你是我的命运

偶尔回首，细品来时路，值得庆幸的是，我的人生，从未按照他人的方向行走。千篇一律的生活最容易禁锢人心，从不冒险的人生，也恰恰是最冒险的。

在命运的赌桌上，我始终相信直觉。

上华冈二年级的时候，学生们可以自由选择以后发展的方向。也就是说，除了几门必修课，你可以选修导演课、灯光课等，什么都可以。一个礼拜有两天是必修课，下午就到学校合作的剧团或表演班跟老师学习，想学什么都可以提，只要有三个人或者五个人想学一样的，这个科目就成立。

大家都选择了常规领域的科目，只有我迫不及待地向老师提出我要做“造型”。“造型”这个概念是来自我的少年偶像——蓝心湄。

在我小时候，台湾的女明星几乎清一色都是温柔甜美的类型，只有蓝心湄是个例外。她其实是当时台湾的 LADY GAGA 原名蒂芬妮，嘎嘎小姐，衣着造型十分大胆前卫，也从不与任何人趋同。她的唱片封面我都很喜欢，经常有面包、盘子之类的袋饰图案，当时应该是梅林老师帮她做的。

我发自内心觉得，她每一次的造型都太赞了，如果可以，我今后也想去做关于做造型的工作。这位被称为“台湾麦当娜”的女明星启蒙了我对“造型”这个词语的理解。后来我们在工作上也经常有合作，真的很奇妙。

老师很快否决了我的想法。因为“造型”的含义太广，其实是个混合科目，而学校只有化妆、服装、发型等。于是我立刻报了化妆，辅修服装。

化妆班共有五个人，三个女生，两个男生。当时给我们上课的是金韵蓉老师，金老师当时在台湾是 make-up forever（玫珂菲代理）厂商，所以我们就去到金老师的学校上课。我后来来到内地工作，再次碰到金老师，我就跟她说，我大概十年前是你的学生，她都吓到了。

– – –

自从二年级我们开始选修课程，同学们都慢慢分开了，走向不同的轨道，大家努力的方向不一样了。我超高兴，因为终于不用站在舞台前了。

那时候我就确定，我想要在这个圈子里做幕后工作。这是绕开了我的短板，又依然可以发挥自己特长和爱好的一个方向。

后来，有人跟我说，人生的两个境界，一个是知道，一个是知足。当时还没有得到，所以遑论知足。但我真的好像格外懂得自己。

要自由，不要朝九晚五

除了做实习建筑师的那段短暂经历，我再也没有做过白领，没有进入过一家公司，没有过朝九晚五的体验。这并不是刻意经营的，而算是顺势而为。

生命总会朝着它该有的方向前行，在喜欢的事上用心，在不喜欢的事上健忘。如此一生，甚好。

毕业之前，我提前进入了工作轨道。

在台湾，每年都会有美容展销会，就像内地很多城市举办的车展一样。所谓的美容展销会，主要就是各大化妆品公司宣传和推介一些自己的产品，如果你对他们的化妆品感兴趣，也可以购买或者订购。因为需要展示化妆品，这些公司一般都会请几个模特，而我们学校与这些公司之间是有着合作关系的，我的工作就是给这些模特化妆。

学校给我们安排的化妆工作本来是义务的，但对于我来说，这不光是一份没有报酬的工作，因为我可以把学到的东西展示出来，对于我来说，也是难得的机会。我并不知道这会给自己带来什么，也不知道这个举动给自己的人生翻开了怎样的篇章。

— — —

一家电视台的负责人也去逛展会，走到我们的展位前，看了看给模特化妆的我，说他正在筹备一场晚会，需要大量的化妆师，问我愿不愿意去。还答应一次工作给 800 台币的工资作为酬劳。

我当时也真是什么都敢想什么都敢做，毫不犹豫就答应了。理由有很多。他既然邀请我去，一定有原因，说明我的化妆手法达到了他们的基本要求，我也没有必要怀疑自己。我为了学习化妆，已经有了全套的硬件设备，现在无须再投入任何金钱，就可以得到真刀实枪锻炼自己的机会。不但可以锻炼自己，还有钱可以赚。这只赚不赔的生意，又有什么理由拒绝呢？何况电视台一定会有很多明星，一定有有趣的事情，不去看看太可惜了。

抱着这种心态，我开始了第一台晚会的演员化妆工作。庆幸的是，虽然我没有太多的经验，但这一次的合作还算顺利，因此我又被介绍去跟另一个节目组的演员化妆。跟节目组的工作相对要比给晚会工作固定一些，毕竟晚会不是天天有。节目每个月会录四次，我只要每月去四次电视台，收入也小有保证了。

当时还是学生的我，靠着这份工作赚了 3000 多块台币。现在想一想，虽然钱不多，但是那份荣誉感真的让人感到快乐。

– – –

很快，在华冈艺校的学习时光就要结束了，我要毕业了。那一年是 1993 年，当时我才十八九岁的年纪，思想也还不是很成熟。对于毕业，我并没有其他人的担忧，那些同学会担心自己一毕业就失业，也会考虑自己未来的发展，这些在我身上都没有。

我当时的想法就是：我终于毕业了，解放了，我终于可以有一个没有时间限制的假期来做自己喜欢的事情了，这听上去简直太振奋人心了！

与我一同毕业的同学大多转行进入一些公司和机构，成为朝九晚五的上班族，这曾经也是我父亲对我的期盼。但是当时的我却对自己的选择十分坚持。

我松弛的心态完全来自于我还未毕业就已经工作，并且有了收入。在我看来，这也是一种出路，电视台的节目一个月录四次，也就是每个月只需要工作四天，就可以赚到 3000 多块台币。

一个月三十天，我有二十多天是空闲的，可以随意安排自己的生活，也可以接一些其他的工作。这样一来，养活自己应该不是问题。当然，最重要的是——我的时间自由。

安全感、金钱、规则、自由，对于我来说是个再简单不过的单选题。想走就走，想停就停，遇见好的风景就看个够。生命苦短，实现自由最合适的时段，就是当下。

那个穿裙子的化妆师

有人把造型师称作明星“生命中的另一半”，我觉得很有趣，也有几分贴切。因为造型师决定了明星每一次出场的惊艳指数，所以也间接影响着明星的星途。因此，一个明星要放心地把自己的形象交给一个造型师，需要有十足的信任。

我深知这个道理，所以在学生期间做兼职的阶段里，就注重打造这种信任感。

二十岁不到的年纪里，我还没有什么惊人的履历。一边在学校读书，一边在电视台兼职。主要工作是为上节目的艺人补妆。艺人在节目上的妆往往很清淡，我并没有什么创作空间。心里那些天马行空的创意也没有发挥的机会，感觉很不过瘾。但我也明白，机会是需要等待的。而做好当下的每一件事，就会离那个机会更近一步。

– – –

我意识到专业形象的重要性，还是学生的我，看起来总归有些稚嫩。这样会影响艺人对我专业性的判断，所以我为了工作开始打造自己的“老气”形象。我准备了几件深黑系服装，将喜欢的花哨街头风都留在个人生活中。

这样，会让我给别人留下成熟稳重的印象，我还会在报年龄的时候故意虚报五六岁，看起来像个煞有介事的“老手”。

毕业以后，空闲时间多起来。我开始寻找更多的机会。终于，接洽了一份秀场模特的工作。这正是我所等待的，可以给真正的模特化妆了。那时候，秀场后台，就是我梦寐以求的圣地。

我在国外的时尚杂志上，看过秀场后台的场景就像是时尚的超级派对，化妆师们又酷又时髦，为了让自己看起来不跌份，我将打工的全部积蓄都拿了出来，买了一件高缇耶的战袍。

– – –

年轻时，我们总会做一些让现在的自己看来是“用力过猛”的事情。为了让自己看起来很厉害，我也走入了这样的误区。开工当天，我才发现，原来一切都跟我想象中不一样。后台的化妆师们都打扮得很随性简单，只有我看起来像是披了战甲似的，显得十分怪异。

我的战袍，是一件男式百褶裙。在众人之中十分引人注目，从他们的眼神中，我读到了他们内心的独白：这个男化妆师好奇怪，居然穿着裙子。

那一天，我没有成为众人眼中的“战神”，而是成了“怪咖”。我感受到了深深的尴尬，不过，我也很快意识到，这并不完全是一件坏事。因为从那时开始，我已经被现场的所有人记住，他们称我为

“那个穿裙子的化妆师”。

被人记住，对于新人来说，这是一个很关键的事件。从那以后，我更换了自己的“工作服”，正式将自己的形象定义为“那个穿裙子的化妆师”。

– – –

现在的我，只喜欢最简单的服装，因为我已经有了足够的自信和气场，不需要用夸张的造型让自己获得关注。回望那时的自己，我明白那是专业性不强的表现，是缺乏信心的刻意包装。和朋友们聚餐，偶尔也会拿这段经历自嘲下酒。

但是推杯换盏后，我内心深深明白，从一个默默无名的化妆师，到被所有人慢慢熟悉和记得。穿上裙子，是我为自己的理想迈出的步伐，尽管它看起来很好笑，但也是我饱含意义的青春。

趁胆子大的时候追梦

中国有句俗语，“初生牛犊不怕虎”。其实年轻时，我们会更有勇气和闯劲，我们会把很多现实的东西看得很淡。这样的心理状态是一种财富，值得好好把握。

在最初工作的那段时间里，我从来不为未来担忧，总觉得一切很美好，未来掌控在自己手里。现在想想，也不知道是哪里来的自信。反正，少赚就少花，多赚就多花。大概一年时间后，我的工作趋于稳定。

这样的变化其实就是日积月累的结果。明星不会随便将自己的妆容交给一个陌生人，有时只是他们的化妆师临时出状况没办法去，我帮他们补补妆。

我不像一些化妆师那样，补完就算完成任务，闪到一边发呆。录影的时候，我也在台下看，一方面，可以近距离看到电视制作，觉得很好玩，另一方面，可以随时关注他们的妆发。

— — —

每一次他们下来，我都会上去帮他们吸吸汗，然后很认真去审视他们的妆容。时间长了，他们就觉得这个年轻人很仔细、很贴心，所以会留下电话号码。

留下电话号码或许不意味着什么，因为他们都有自己的化妆师，或许这些化妆师一年半载才会遇到一次需要请假的时候，你或许只是排在化妆师电话的第几位。总之，就是并不知道谁在什么时候会找我。

我从来不计算这些，我唯一能做的，就是完成好每一次的工作，给所有与我合作的人，留下一个努力和专业的印象。这个办法或许很笨，但在年轻的时候，这就是我们能掌控的唯一机会。一年后，我的工作量开始增多，跑很多栏目，有时某个明星要拍宣传照，也会找我负责。

当时最火的节目叫做“猪哥亮歌厅秀”，特别红。台湾曾经只有三个电视台，明星都是靠去歌厅秀赚钱，大家在下面吃西餐，上面就有明星在唱歌跳舞表演。当时刚好有一个节目组把歌厅秀放在节目上，让观众在家能看到，特别红。我第二年就接了这个节目，但不是给猪哥亮化妆，而是给他旁边那些女生化妆。

— — —

伟忠哥的节目与我合作很多，光是“我猜”，一做就做了十年。我看着节目换了好多主持人，从“我猜”的第一期起，当时主持人是大小S跟龙少华，他们那时还是外景拍摄。

大小S那时候本来是出唱片的，但唱片公司倒闭，前老板又不跟她们解约，导致她们不能再继续出唱片。伟忠哥就说，这两个怪怪的女生，不如让她们去试试做主持人。

作为主持界的新人，经常要出外景，我记得大概6点多就要去她们家化妆，弄很奇怪的头发，去水上乐园晒一整天。那段时间很惨，节目刚开始，还没有很好的收视率，她们又刚转换跑道，从歌手转型为主持人，也不是那么红。但后来这个节目慢慢就红起来了，换成宪哥跟她们主持，拍摄也改在了棚里面，工作环境舒服了一点。

十年间，从大小S跟龙少华，小S、阿雅跟宪哥，杨丞琳、阿雅跟宪哥，SHE跟宪哥，他们换来换去，我却一直都在。

– – –

作为一个过来人，走过了而立之年，在步入不惑的年纪后，对于过去的青葱岁月的感悟虽然没有白发老人那么深刻，但至少还是有经历。如果正在看这段话的你处在20岁出头的年纪，或者是将要面临择业

品用料
2069

通过不同元素来打造独特形象，这期间一定会犯错。

希望和别人不一样，这就是时尚最开始向你发出的邀请。

我们曾怀抱着稚嫩的时尚观念，刻意追求着与众不同。但这些都不重要，重要的是，青春的某一个阶段，可以有一个空间大胆释放体内的自由因子，是莫大的幸运。

审美不只停留在感官层面，更要上升到精神层面。一个人只有样子的漂亮其实是脆弱的，因为美是一种复杂的感知，需要多重因素造成叠加效应。

尘世浮华如一杯茶，值得浅斟慢品。

的大学生，那么请你一定要选一份自己喜欢的工作。

请趁着你还年轻，还没有被生活的重担压得喘不过气来的时候，选一件你感兴趣的事情，让它变成你谋生的职业，接着变成你的事业，而不是贪图一时的金钱诱惑，找一份薪水高却不喜欢的工作。

在我最初决定进入时尚行业时，周围几乎没什么人看好。正是因为兴趣和热爱，才得以支撑自己渡过了很多事业中的难关。

相反，如果不够热爱，就无法面对挫折，各种不良的情绪扑面而来，就很有可能在那时候被打败了。

若干年后，当你幡然醒悟想要换一个与自己兴趣相关的职业时，也许身上已经背负了养家的责任，没办法放手一搏，只能强迫自己去适应和将就，这样的人生将变得十分压抑。况且，当你还迷茫地在不同职业之间跳来跳去时，身边的同龄人可能已远远地把你甩在身后了。

第 3 站

足迹：

人生没有彩排，
每一天都是现场直播

P

屏幕上的人被人记得，是最幸福的事。

而这件事的最初，一定免不了被标签化。人们记得的，是某一部分的有特色的你。

我不懂得表演，也不懂得塑造形象。但是无论何时，以最敬业的姿态出现，是我这个小人物可以坚守的原则。

与“夸张”的第一次亲密接触

突破舒适区，是近年来常常听到的观点。做人与做事，如果想要避免停滞不前，都需要摸索到那个突破点。找到了，做到了，就会有另一番天地。

当时的台湾，在很长一段时间内，人们可以看到的娱乐新闻主播都是像社会新闻主播一样，一本正经的。主播们通常花三到五分钟的时间，把最新的信息简要介绍清楚，就算结束。所以那时台湾的娱乐类新闻总是放在社会新闻、天气预报的后面播出。

直到日本电视综艺的模式从 20 世纪 80 年代开始渐渐影响了台湾，到 20 世纪 90 年代开始，这种影响已经非常明显。制作人们到日本考察发现，亦庄亦谐，轻松幽默的方式更能抓住观众的注意力。于是很多从业人员开始在自己的领域内努力，为这种转型做出巨大贡献的是小燕姐。

— — —

小燕姐在台湾综艺界是很重要的人物。大家都称她是台湾娱乐圈的"综艺教母"，她不仅是主持人，也是活跃在荧幕上的演员。她在台湾一手捧红了众多的娱乐明星，也是他们的幕后老板。

1996 年，TVBS（无线卫室电视台）旗下的戏剧娱乐台聘请了张小燕出任娱乐台的总监，小燕姐能力十分出众，当年她就开创了台湾有史以来第一档娱乐新闻节目，和之前的那些娱乐节目比起来，这档 TVBS 的《娱乐新闻》有许多自己的特色。

比如，这档节目虽然也是专门以娱乐新闻为播放内容的节目，但是它的节目时长却是其他节目的三到四倍，足足做到 30 分钟；而且这档节目不是跟在其他节目后面，而是自己独立出来，在每周一到周五的下午 6 点钟准时与观众见面。

最关键的是，这档节目打破了此前新闻主播的常规造型，也就是穿着笔挺、严肃的套装，画着很浓的修容鼻影，尤其是头发，很多新闻主播的刘海都会被造型师吹得极高，称为“恨天高”。

— — —

我和小燕姐已经不是第一次合作了，筹备这档节目的时候她便邀请我去做造型师，但和以前的要求不同，这一次，她没有很具体说，只是提了一个听起来很简单，做起来却十分有难度的要求。

她说：“尽可能地夸张一点，要和普通电视台的主播的造型不一样。”听到她的这个要求时，我承认，我是一头雾水的。

“夸张”一词的尺度的确不好把握，上镜的主持人夸张程度的底线到底在哪里，这确实给我出了一个不大不小的难题。不单单我觉得有些摸不着头脑，这档节目的主持人陶子，也就是陶晶莹，同样感到心里没底。

陶子原本并不是做这类娱乐新闻出身的，她早年主要是主持外景和宠物类的节目，一直都是一副邻家女孩的可爱模样。很多人对她的印象就是她和那些可爱的阿猫阿狗混在一起，然后梳着两个麻花辫子，额头上齐齐的刘海配上一个圆框眼镜，是一个很可爱的小姑娘。

然而，小燕姐却破天荒启用陶子来主持这个节目，而且要在造型上打破她给观众原有的印象，做到夸张的程度，还真不是一件容易的事情。

－　－　－

不过从另一个角度来讲，小燕姐却开拓了我们思考问题的思路，我和陶子虽然心里没有底，但是却知道我们的目标是要夸张到博人眼球。所以，我们照着这个思路进行了下去。

一开始，节目刚上，预算很有限，能分给造型师的只有 500 块台币，这些钱还不全是我的酬劳，我准备的主持人服饰的钱也算在了这里面。显然，这个钱是很少的，所以我在第一天准备造型的时候一下就给花光了。

我把钱花在了一顶金色的假发上，其实那是一顶很普通的假发，当我把它买回来的时候并没有太多灵感，但后来，当我拿梳子把毛发刮得特别蓬松时，虽然看上去有点像金毛狮王，但我却感觉它慢慢接近了我想要的效果。我给陶子选了一套黑色的衣服，低调的黑色和头上的金发一搭配，效果便很突出了。陶子就是用这样的造型完成了她在 TVBS《娱乐新闻》的第一次上镜。

超出我们预料的是，第一集节目播出以后，竟然收到了观众们强烈的回应，我想他们也许是感到新奇、独特，也许是感到眼前一亮，因为从来没有人敢在这样的节目中这样装扮，和以前电视上打扮得中规中矩的女主播相比，陶子的确让人过目不忘。

第二天，小燕姐见到我时，便迫不及待地夸奖道："小 P 造型做得特别棒，就按照这样的方向接着做！"她的这个夸赞让我十分高兴，之前为了造型的一切忧虑、担心一时间都烟消云散了。也正是从这个时候开始，我开始了长达两年的 TVBS《娱乐新闻》造型师的工作。

人在突破自我的时候，能量在提升，内心也更有力量。

这样的境遇有时让人害怕，因为它脱离了舒适区，就像在山脚面对面峭壁。只有踏出第一步，开始一步步攀登这座高山，视野才会随之一点点开阔。

脑袋里的怪东西

一百年前，福特问人们想要什么，他们会说要一匹更快的马。十年前，乔布斯问人们想要什么，他们不知所然。我们每个人都见证了汽车、iPhone（苹果手机）这样具有划时代意义的产品的出现，所以可以感受到，在滚滚向前的时代大潮中，平庸与守旧，必然会销声匿迹。

从这个意义上讲，我觉得小燕姐的眼光和魄力，真的令人钦佩。

当时我还没有意识到这些，第一集里陶子的造型如此受欢迎是出乎我的意料的。不过，当称赞的声音出现的时候，我在放下最初忧虑的同时，迎来了接下来的挑战。之后的第二天、第三天，不管是观众，小燕姐，甚至是陶子本人都是充满了期待的，我知道他们那时都在猜测我接下来会搞出什么花样来。

事情往往都是这样，压力转换为动力。我被逼得不得不去想：今天一定要比前一天的更夸张！

为了创造出新的、与众不同的效果，我几乎每天都把 500 元的预算全部花光，为的就是能找到符合造型需要的、能产生不一样效果的材料。

由于节目几乎每天都在播出，因此对造型的变化程度要求很高。起初我还能在买来的假发片和形状奇怪的饰品上寻找到灵感，并用它们来丰富陶子的造型，当然节目效果还是一如既往地让大家喜爱。

后来，观众和节目组对造型的期待越来越高，而我能得到的造型材料和想要达到的造型效果之间开始出现了冲突，现有的材料无法满足我造型的需求，于是，我开始自己动手制作造型材料。这些手工制作的灵感来自很多地方，元素千奇百怪。

我经常会在我翻看的杂志、我逛过的非常规服饰店里找到启发，有时还会去一些和时尚毫无关联的地方寻找一些有趣的元素运用到造型中，比方说五金行。

我猜很多人对我去五金行寻找造型材料不是特别理解，其实说实话，我也是无意间发现了五金行还有这样的好处。比方说，我会去五金行买抽油烟机上的银色的管子，未经加工以前它们看上去并没有什么造型的特点，但是只要把它剪开，稍作改造，它就可以变身为夸张的道具，而且用在陶子身上一点都不违和。

除此之外，黑色的吸音海绵也是可以做出很有效果的材料，而且它的价格便宜同时还很百搭，是不错的造型选择。这些无意间的发现慢慢变成了我逛五金建材市场的缘由，即使是出国的时候，我也不忘绕到五金建材市场去看看，寻找那些能用在节目中的小东西。

–　–　–

在节目开播半个月以后，陶子就因为多变、夸张的造型被冠上了台湾“百变主播”的名号，几乎所有人都在期待她明天以什么样的形象出现。不过与她共事的人都知道，除了造型，在主持的专业上，她也是蛮拼的。

很多人都只看到她坐在镜头前 30 分钟播报的那一个阶段，其实在这背后她还是花费了不少心力，做了非常多隐形工作的。

直播六点钟开始，陶子一般下午三点半就会准时出现在录音棚了，对着拍好的素材过一遍稿子，然后根据素材自己写好串词，这样做是为了避免在直播的时候出现脑筋短路的情况，影响了节目效果。等到她做完这一系列工作的时候，留给我做造型的时间最多也就只剩下十五分钟了，也就是说，我必须在这短短的时间内把化妆和头发造型这两样工作全部搞定。

为了不拖节目组的后腿，我给自己定下了一个要求，那就是在前一天就在家里把要用的道具准备好，然后研究用怎样快速有效的方法戴到陶子的头上去。比方说，我经常会提前用报纸糊成一个帽子的形状，然后利用头部模型的支架把这个帽子缝在假发套上，第二天给陶子做造型的时候就可以直接戴上去，这样确实快了很多。

节目的造型不是随意定下来的，每次造型的样子都是根据节目的不同主题来设定，绝不重复。有些造型是很复杂的，光卸妆就要半个多小时，不过陶子每次都非常配合。

有趣的是，我们当时的节目组跟新闻主播们用的是同一个化妆间，所以就出现了一个很戏剧性的场景：那边的美女主播们正在仔细认真地化着中规中矩的“播音妆”，这边我和陶子正忙着把那些奇装异服套到身上去，现在回想起来，还真是一件很奇妙的事情。

— — —

我们在看电视的时候，透过镜头看到的，往往都是光鲜亮丽的呈现，但实际上镜头以外的每个工作人员都绷紧了神经，顶着巨大的压力在工作，生怕出现什么意外的状况。尤其是当节目直播前各项工作时间太赶，挤压了我做造型的时间时，一些“豆腐渣工程”就会不可避免地出现在节目里。

好几次陶子主持到一半的时候，突然间扭头对着镜头外的我说：“小 P，我头发好痛啊”或者说：“我发夹掉了，小 P 你上来帮我弄一下！”应该说，这样的节目风格在其他节目中应该是极少见到的，但是在这个强调夸张、标新立异的节目里出现，却没有显得那么生硬。

被她这么一叫，我有时也慌了。但是作为造型师，主持人的头发乱了我不能坐视不管，所以很多次，即使是在节目直播时，我也要进去给陶子补妆，而且次数还不少。久而久之，观众们开始知道《娱乐新闻》里有一个叫小 P 的化妆师，而且还时不时会在节目中冒出来一下，我的名字也就渐渐为人所知了。

屏幕上的人要被人记得，是最幸福的事。而这件事的最初，一定免不了被标签化。人们记得的，是某一部分的有特色的你。我不懂得表演，也不懂得塑造形象。但是无论何时，以最敬业的姿态出现，是我这个小人物可以坚守的原则。

专属于小 P 的造型语言

舍得这个词，充满了中国哲学的意味。手越想攥紧，反而得到越少。

如果依靠《娱乐新闻》每周一到周五发给我的 2500 块台币，维持我的生活应该是不成问题，撑还是撑得下去的，不过为了造型，节目组给的预算几乎全部被我用在了材料的选购上，所以对于当时的我来讲，几乎是没有收入的。

虽然给《娱乐新闻》的主持人做造型是我的兴趣所在，同时我也认为，它对于我来讲是一种很好的锻炼，但是生活依然要继续下去，为了维持生计，我不得不同时接多项工作来获取报酬，换句话说，我是用其他工作获得的收入来保证自己能在《娱乐新闻》里继续脑洞大开地玩下去。

后来有很多人问我，当时是不是过得很辛苦。其实，当时的我一点都不觉得辛苦，只知道那是一项很好玩而我又很喜欢的工作。每天挖空心思去想出一天比一天夸张、震撼的造型，虽然有时候很不容易才想出来，但是当这些造型被大家称赞，变得很受欢迎时，我又能从中获得巨大的成就感，于是之前的那些努力也就没有白费了。

– – –

《娱乐新闻》开播不久，陶子就跟着节目一起火了，在台湾的街头巷尾，随便找一个年轻人来问，几乎他们都能回答看过这个节目，而且很多人都很喜欢节目中陶子的造型和主持的风格。正是因为这个原因，台湾的很多明星记者会开始邀请陶子去出席，不少演出活动也邀请她去主持。当然，他们中也有不少人是希望陶子能以惊艳的造型出场，这样就可以制造一些话题，人气也就跟着上来了。

因为大家合作得还不错，所以陶子有什么活动都会带上我一起出席，让我为她设计出场的造型。很多造型在当时来看是非常时髦的，不过如果放在今天看，有时自己都会被自己雷倒。比如有次陶子主持许茹芸《如果云知道》新闻发布会，我设计的云朵造型。

当时我的想法还是主打唯美风，根据许茹芸的新歌名，我把陶子变成一朵“飘”在舞台上的云。云的造型材料选择的是又轻又软的棉花，我把一坨一坨散开的棉花用发胶粘成了一大片，然后给陶子套上去，整体看上去就好像她整个人是在云朵中一样，她的头发上是云，身体也是云。

因为直播的时间太赶了，所以有时无法做到太细致。我更希望每一片云都可以仔细地造型好，但当时时间不足，有很多地方都是用订书机临时固定住的，然后陶子就这样上了台。这个造型在当时被很多媒体视为当年最时髦的造型，当时的我对这个造型也还是很满意的，不过我现在回看当年那张照片的时候，却看到了很多不足，甚至不敢相信这是自己做出来的。

在《娱乐新闻》给主持人做造型对于我来讲，不仅仅是兴趣，同时也是我事业中一个很重要的里程碑。它让我在造型的把控上更加注重整体性，从而奠定了专属于小 P 的造型语言。

艺术没有规律。共同的原理就是忠于眼前看到的世界，忠于内心的情感，忠于灵感迸发的瞬间。冒着饿肚子的危险，我初步开创了自己的造型天地。

与梦想相比，这太值得。

只有想不到，没有做不到

天空是极限，可是天空没有边际。挑战极限这件事做得久了，会发现开创能力是可以一直升级的。未来有多美好，永远未知，也永远让人期待。

陶子在台湾成了爆红的主持人。她的认真敬业，她的古灵精怪，她的临场应对，让她迅速成为一线主持人，得到了观众的支持和喜爱。除了主持《娱乐新闻》之外，很多节目和活动都向陶子抛出了橄榄枝，比如“台湾金曲奖”这样的大型活动，陶子一定列在主持人邀请名单的第一位。

事实上，从 1998 年第 9 届金曲奖开始，陶子就成为了它的“御用”主持人。到了 2005 年，陶子已经连续主持了 8 年的金曲奖，这对于任何一个颁奖盛会来讲都是一件不多见的事情。

2006 年，也就是第 17 届金曲奖时，陶子搭档小 S，常规的主持在她们看来已经有些乏味了，因此这两个有点鬼马个性的女人碰到一起，就想出了很多与众不同的点子。最后，她们做出了一个决定，让我帮她们去完成这个设想，说实话，这是一个很放得开的主意。

由于她们都是新手妈妈，陶子刚刚生完大女儿“小豆豆”，而小S也在年初时生下老大“许俏妞”，这次金曲奖是她们生产后的第一次重大亮相。她们俩都是很拼的主持人，比如说陶子，从月子中心走出来便马不停蹄地拿起了金曲奖主持人的话筒。

作为她们的服装设计师，我是希望能给她们准备一套能够凸显她们身材的紧身礼服，为的是证明这两位新晋妈妈在生完宝宝以后，身材并没有走样，而是依然凹凸有致。

— — —

不过，两位主持人似乎并不满意我的想法，她们并不满足于安安静静、美美地做一只花瓶让人家欣赏，她们俩共同的特点就是总勇于挑战一般女明星们不敢尝试的东西。

在开会讨论的时候，陶子就把自己的想法说了出来：“和很多新手妈妈一样，我们虽然表面上看着漂漂亮亮，但中间换场休息的时候，立马又要切换为奶妈的角色，去后台挤奶，不然宝宝就没有奶吃。所以我们想把这件事变成表演中的笑点，比如在台上讲话的过程中，不经意间把奶喷出来。”

如此夸张的设想让我感到十分不同寻常，为了满足她们的想法，并在舞台上达到她们所希望达到的效果，我想了很多办法和方案。如果想要在舞台上达到奶喷出来的效果，机关设计是非常重要的。

于是我先请道具师制作专门的机关，然后把事先调好的白色液体装在容器里，类似录影时用的 MINI MAC，最后把这个小小的机关藏在陶子和小 S 的礼服里。她们可以自行控制喷出液体的时间，当她们讲到需要喷奶的段落时，就可以自己控制大腿边的开关来实现，靠着马达的电力，液体就会喷出去。

为了达到最逼真的效果，喷出来的液体像乳汁一样，我们尝试了很多种液体。最后，把颜料加水混合而成的液体作为装在容器里的材料。

– – –

颁奖典礼上两位新晋辣妈的主持加上“乳汁喷涌”的效果，让在场所有人都被惊呆了，而她俩在那晚也果然“一喷惊人”。颁奖典礼结束以后，她们成了各大媒体的头条。这个环节也受到了热评。

这些评价里，有不少是点赞的，说陶子和小S放得够开，娱乐精神可嘉，而且她们无厘头的主持风格打破了典礼庸常的制式。在掌声之外也有批评的声音，有些人甚至大骂她们不该在大庭广众之下把涨奶这种很私密的话题拿出来讨论，甚至还遭到了台湾母乳协会的抗议，他们认为两位主持人的做法是在侮辱妈妈们。

面对这样的抗议，其实她们压力还蛮大的，所以在事后，她们就对这件事情进行了道歉。但我知道，其实，她们并没有恶意。作为一个娱乐主持人，她们很大程度上是为了博观众一笑，仅仅这么简单，并不存在以谁为对象去侮辱的想法。

在演艺圈中行走，要把这一点看得很开。被理解是幸运，不被理解是常态。没有一颗强大的心脏，不足以应对舆情流转。但如能用善良的眼光去看待他人，世界也会多几分暖色。

伴随跨年钟声“下蛋”

听到有人说，崇拜偶像，就是对自我人格的放弃。对此，我深深不认同。对待偶像，不该过度狂热。对待偶像不该只有荷尔蒙，这无可厚非。但我认为对待任何事物的心态，都不应矫枉过正。

每个人在成长过程中，都需要一个偶像。只要你听他的歌，看他的影片，阅读他的事迹，就能从中获得力量。

自从选择了这个职业，我就经常和一些明星有工作接触，从一个对演艺圈感到好奇的青年，到身处其中，成为这个娱乐大工业中的一员。和明星们一起工作，我从来都是抱着平常心。从来没有一个明星像蓝心湄一样让我感到紧张，因为她就是我少年时代的偶像，没有之一。

我甚至不敢想象我能有机会与她合作，那是我梦寐以求的一天，但当它真的来临的时候我又紧张得不行。我尽量控制着自己紧张的情绪，一点都不敢表现出来，虽然我小时候是那么的爱她，但在她的面前，我要保持专业形象，很不好意思把这样的小心思告诉她，就在这样纠结的心情下，我完成了为心湄姐的造型。

心湄姐不愧是台湾的老牌明星，在和她合作的过程中，她留给我很深的印象，她对自己的造型要求非常高。而且比起其他人，她很了解自己的身材。比方说，她知道衣服的领口开到什么位置会更适合自己的脸型，为了使身材比例达到更为完美的效果，所选用的裤子要多短才是最合适的……这些看似简单的细节可以看出她的时尚敏感度。

与心湄姐的合作是在 2005 年的跨年夜晚会，她对自己出席晚会的造型要求除了一如既往地美辣以外。更重要的是，她提出希望在跨年倒计时的时候能够在自己的身上做些设计，以达到与众不同的结果。

按照她的这个要求，我们开始进行各种设计。因为那一年是鸡年，最后我们定下了“金鸡取蛋”的立意，在裙子上设计了机关，事先藏满了气球。等到倒计时开始的时候，心湄姐准备就绪，当倒数第五秒时，她按下装在身上的开关，此时心湄姐礼服上的裙摆会掉落下来，事先藏好的那些五颜六色的气球就会一齐向天空飞去，效果十分震撼。

那一次造型我至今想起来还是觉得非常出彩的，大家都觉得很有创意，效果很美。对于我来讲，除了参与到一次被很多人称赞的造型中去，更重要的是，在与心湄姐的合作中，她教会了我很多东西，这一点也许是在那个跨年夜里，我收到的最珍贵的礼物。

偶像存在的意义是，在一段迷航中，给我们一种对于更美好生活的指引。每个走在单行道上的人，都有脚下的征途。抬头望望星空，无限美好。

把女神从神坛上“拉下来”

常跟自己较劲，不跟他人死磕。这是身边朋友对我的评价。在工作上，我确实有着那么一股子倔劲。

《娱乐新闻》对于我而言有着里程碑的意义，因为帮节目中的陶子做了很多奇特的造型，因此我在这个圈子里也渐渐有了一些名气，随之而来的是越来越大的工作量。

有时我在想，也许是因为当年在《娱乐新闻》里陶子夸张、另类的造型太出名了，所以在我接下来接的工作里，很多都是朝着这个方向去的，甚至要求一个比一个更奇怪、一个比一个更突破常规。

几乎所有的主持人，包括大小 S、阿雅及杨丞琳等，她们每个人都提出了夸张风格的要求。这在一定程度上把设计夸张造型变成了我的一个习惯，因为几乎每天都在想如何突破、如何才够夸张。

久而久之，我便在有意无意间被台湾的媒体定性为风格古怪另类的造型师。虽然我一开始并没有给自己设计这样一条职业道路，但到那时，好像已经被贴上了标签。

– – –

我原本也没有强烈地感觉到自己是古怪另类的，但是当很多人来找我造型，并提出这个要求的时候，我才发现原来他们所定义的我，就是另类造型师。那时自己还年轻，并没有太明白什么是“我的风格”。

有一次，我接到了一个拍摄 MV 的工作，对方一上来就问我能不能帮苏慧伦做个造型，是她要在 MV 里出镜时用的。我当时还好开心，心里想着，我终于可以做一个正常一点的女神造型了，毕竟比起绞尽脑汁设计百变造型来讲，把明星打扮得漂漂亮亮地出现在镜头前的任务简单许多。

所以我开始在脑海里构思那个唱着《柠檬树》、清纯可爱的苏慧伦的形象。不过，接下来的工作内容打破了我的设想。对方告诉我，苏慧伦这次找我来设计，是希望我能给她设计出一个打破以往淑女形象的造型，她想尝试一个与众不同的造型形象，同样他们也充满期待，对我而言，那就是非常费工和挑战的工作了。

继苏慧伦之后，渐渐地，开始有一些安静的女神级明星找到我，希望我为她们的唱片做造型，她们的目的也很一致，那就是希望我能把她们从“神坛”上拉下来。

面对这样的工作，其实我当时多少有点难以接受的，我常常想，为什么那些大众的、流行的、只需要把女明星打扮得漂漂亮亮就可以的轻松工作不来找我呢？而我所面临的工作往往都是最累、最复杂、难度最大的。这样的情绪更像是在跟自己较劲，让我多少有些纠结。

虽然无奈，但是每次接到这种挑战的时候，我又很期待能做出博得大家喝彩、令人感到惊喜的作品。慢慢地，我开始释然，这些工作真的给了我非常大的锻炼，因为在当时，从创意到执行，我都是亲力亲为的，所以我对于造型的概念有了一个更加深刻、生动的认识。

这不仅为我后来的造型事业打下了坚实的基础，同时也让我体验到了别人无法体验的乐趣。

第 4 站

热爱：

灵魂背后的咬紧牙关

人的一生总要疯狂一次。可以为真情，也可以为梦想。

坚持坚持，许多事情就达成了。

行行业业，不同的荣光，不同的苦楚。拼的，莫不是坚强。

逆光也是一种向阳

所有的云淡风轻，都有灵魂背后的咬紧牙关。有人觉得我是个幸运儿，可以身处在五光十色的演艺圈中，与明星打交道，掌握着最前沿的时尚资讯，现在又拥有了自己的创业项目。

但其实我想说，所有的美好都是用心经营的，所有的美好背后都有汗水和泪水。事实上，我也有不顺利的时候，它们被隐藏在光阴的褶皱里，没人看见，也没人在意。

从华冈艺校毕业以后，我没有像其他同学那样，找一份朝九晚五的工作，也没有签约一家经纪公司来打理我的工作，我的所有工作都是靠自己去争取的，换句话说，我实际上处在一个自由职业者的状态。

所以，刚入行那几年，我的工作状态都非常被动，被动地等待工作机会从天而降。虽然一开始跟着电视台固定的节目组帮艺人化妆，但工作安排也并不满档，有时候每月只有几天是需要录影的，在这几天里我才有工作可做，其他的时间里我都处在空闲没有工作可忙的状态中。

说实话，这样的处境让我感到很不安，对于未来到底会怎样，心里是完全没底的，不知道做完今天这个工作之后，明天、后天是不是还会有工作来找我，这样的想法让我开始焦虑起来。

－ － －

每个人都要学会为自己的选择负责。选择了安稳，就要接受束缚。而我既然选择了自由，就要习惯这种不安定。总之，与固定领薪水的同学们相比，我当时的状态真的是吃了上顿没下顿，由此所带来的不安全感与日俱增。

我每天都盼望着有一份工作能找上我，哪怕只是暂时的，接到就是好的。

参与《娱乐新闻》的录播对于我来讲，不仅仅是兴趣所在，同时也是我事业中一个很重要的里程碑。它让我在造型的把控上更加注重整体性，从而奠定了专属于小 P 的造型语言。

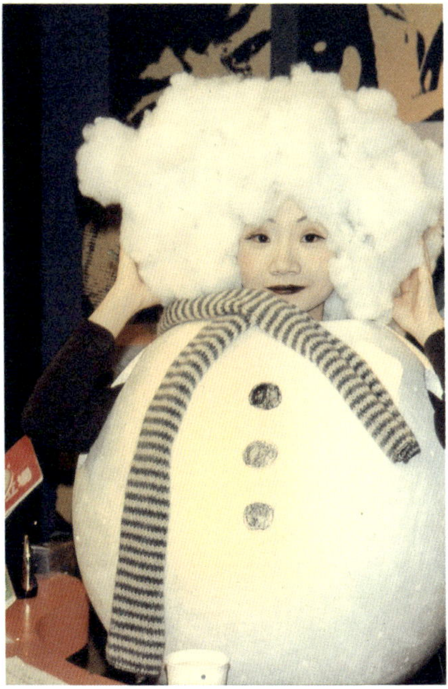

上言論，
本台立場

从综艺节目《我猜我猜我猜猜猜》开始，我跟宪哥合作了将近 10 年的时间。熟悉节目的人都知道，节目中和吴宗宪搭档的女主持一直都在换，先是大小 S，后来换成阿雅和杨丞琳，又换成小 S 和阿雅，但我和宪哥一直都在。

有一种青春叫范晓萱。它唱着稍息，立正，站好。就像书包里摇摇晃晃的童年，写满无拘无束，让人想笑又想哭。

A1
滅火器

VEGIES
15 & 1984
School

在跟康永哥的合作中，总是不停地有新的挑战冒出来，有时他的一些天马行空的想法让我措手不及，但他的点子又新颖到让我想再努力试试看。

刚入行那会儿，手机还没有非常普遍，当时很多联系都是通过传呼机来完成的。我也是一样，所以传呼机成了我每天关注的焦点，因为它响不响，直接关系到我接下来的工作有无着落。

在最焦虑的日子里，我好像得了强迫症一样，每 5 分钟就会不由自主地看一眼传呼机，如果它很久都没响的话，我就会开始想，它是不是坏了？是不是当天信号不好？还是它没电了？总之，各种各样可能导致它不响的原因都会在我脑子里闪现出来。我甚至想到把它放到窗户旁边，也许这样会早点响。好不容易有传呼进来，我就会迅速地给对方回电，有时回拨之后竟是一个乌龙电话，这种事常有发生。我感觉自己已经完全陷入了自我质疑的神经质状态中。

当时的我有过放弃的念头，因为我不知道如果这种不稳定的状态继续持续下去的话，我会变成什么样子。好在在父母亲身边，我没有真正像独自漂泊异乡一样无依无靠，不至于穷到无法生存。

当时的我还蛮年轻，所以会很简单地认为自己是因为没有稳定的收入而焦虑，但现在当我再去回看那个时期的时候，我会感觉与其说当时我缺失安全感是由于金钱，倒不如说，当时的我更多的是需要一种让我自信起来的成就感。

后来在我跟陶子一起做《娱乐新闻》的两年时间里，其实我也没存下钱来，所有预算都用来买材料了，有时还不够，但不一样的是，这个时期的我每天都能够看到自己做出来的东西，能有件事情让我为之努力，还能在努力过后获得大家的认可。实际上，这样的满足感比赚钱要有价值得多。

人的一生总要疯狂一次。可以为真情，也可以为梦想。乐于放下浮躁的心，敢于扛起被超出负荷的包袱，坚持坚持，许多事情就达成了。行行业业，不同的荣光，不同的苦楚。拼的，莫不是坚强。

一个人，也可以是一支骑兵

孤独是与生俱来的情感体验，不必急于摆脱，更无须苛责。有一天，当我发现可以安然住在孤独里，不惶恐，不退却，胸中如有千军万马。那一刻，我一个人，就是一支骑兵。

大部分造型师，都是从助手做起的。他们的大部分成长方式，是在成熟造型师的带领下慢慢成长起来的。这样的成长经历有一个好处，就是他们可以有一个学习的范本，知道自己未来大约会沿着怎样的轨迹成长和发展。另外，因为有师父帮忙指导，做造型时的压力没那么大。

但我这个孤家寡人，从学校毕业后进入这一行是没有师父带着往前走的。我手中、脑中所掌握的就是学校教给我的东西，跟着电视台进入到造型师的圈子，从始至终都没有一个可以模仿的范本。

当时其实还挺羡慕那些助理造型师们，因为他们有师父在带。如果一不小心犯了错，也会很幸运地有师父帮忙弥补。

在这一点上我是不同的，我独自接活、自己安排、自己实践，所有事情的责任都担在我一个人的肩上，所以我不能出错，一旦出错，有可能连补救的机会都没有。是的，我根本没有犯错的机会。

– – –

刚入行的时候我还不到 20 岁，这个年纪有时更像个大男孩，没有了父母亲和老师在身边，周围打交道的人都比我年长很多。我必须强迫自己迅速成熟起来，这样才能让我在职场上得到别人的信任，除此之外，我还要比同龄人更懂得观察这个世界，更快地去融入这个圈子。

工作中，常会遇到别人问我年龄，每到这个时候我就会往高虚报自己的年龄，这样做的好处是我可以更快地获得对方的信任，让他们放心地把工作交给我，这一点对于单打独斗的我来说，显得尤其重要。所以在那段时间里，我总是伪装得很严肃，故作成熟老练。

当时也不知道哪儿来的那份自信，什么都不懂，不知道行业标准是什么，什么工作都敢去接，也会很有干劲地去尝试，摆脱了前辈们的叮嘱或是唠叨反倒更能把自己的想法展示出来，多了几分天不怕地不怕的魄力。

一开始出来工作就要去独当一面，实属被逼无奈，但其实这也是有好处的。那就是，我时刻警醒自己，要给信任你的人留下最好的印象。一开始我并不知道该怎样跟明星沟通，所以只能更体贴、更细微地体察每一个明星的情绪，观察他们今天是不是开心，到底满不满意我的工作，这些体察让我所做的工作少走了不少弯路，使很多造型设计能在更短的时间内达到想要的效果，而这些第一手的经验都是我自己实践摸索出来的。

反观台湾很多跟随师父一路学习的造型师，他们虽然最初的时候能更加顺利地进入这个行当，碰到困难的时候也有人帮忙解决，但当他积累几年经验后跳出来自己单干，却会不可避免地经历一段比较尴尬的时期。

比如名字已经被外界冠以“某某助手”的前缀，这在大家心目中已经成了他的一个标签，所以他必须把这个标签先摘掉，然后再换上那个真正体现自己的标志。然而由小助手到被大家认可、成为专业造型师则需要花很长时间，这是他们要去克服的一个现实问题。

相比之下，我在成名前单打独斗的时间很漫长，很多人一开始直接认识的就是我自己，省去了我的名字前面的修饰，也省去了那段需要被人重新认知的尴尬期。

我曾是自己的司令、政委、后勤与小兵。我为自己吹响集结号，让不同的自己协同作战，追寻内心想要的远方。如今，不再是孤岛。放下那段故作成熟的过往，告别那段单打独斗的时光，感受所有望向同一个方向的目光，灼热得可以点燃月亮，成为太阳。

世上没有怀才不遇这件事

我是努力的信徒，是一个相信双手可以改变命运的人。

克服了一个一个的困难，再回头看，这都要依赖于自身内心的坚定。每个人都是单行道上的行路人，时而有人同行，是缘分的玄妙；时而擦肩而过，是命运的庸常。如果你的奔跑，要仰仗于始终有人鼓掌叫好，那么你多半不是为梦想而战，而是因虚荣而作秀。

我并非一开始就是全能设计师，而是一步步走来的。最早入行时，我只负责化妆和发型。艺人拍照时，我常常在旁边观看，学习他们如何搭配服装，偶尔也会提出一点自己的建议，比如不要把衣服卷起来，哪两件衣服应该配在一起。

久而久之，艺人们发现搭配衣服这件事我也是能做的。有些艺人后来干脆就把准备服装的钱给我，由我来安排服装素材，不论是买也好，借也好，只要能搭配出好看的造型就行。凭着对服装搭配的一点儿天分和兴趣，我不断地在这方面钻研。幸运的是，我竟在造型这方面也获得了不少认同，我渐渐把自己升级成为全能型的造型师。

从走过的路来看，我还蛮相信“是金子总会发光的”这句俗语，其实很多时候我们的努力不管多小，都会有人看到。

《娱乐新闻》是一个红透台湾的节目，这个节目也让很多人认识了我，但在此之前，我还跟过一个深夜的访谈节目组，晚上十一二点才播出，除了播出时间不讨人喜欢之外，两个主持人也没有特别红，所以那个节目的收视率可以用惨淡来形容。

那时，我的工作同样是帮女主持人弄一些比较有创意、新颖的造型。其实那个节目并没有很多人看，我总觉得不会有人去关注我当时设计的造型。

但其实不是，有一次跟陶子闲聊的时候，她无意间提到了那个深夜节目，还吐槽了一番，说节目做得一般，只是那个节目的造型师好可惜啊，造型做得蛮好但没什么人看到。听到她的话，我当时既尴尬又开心。让我没想到的是，原来再小的节目，只要你做得足够好，还是会被圈子里的人注意到，只是自己当时不知道而已。

在没有抵达成功之前，人们喜欢用“怀才不遇”这个词语安慰自己。

而事实却是，躲在“怀才不遇”四个字里理直气壮的人，与才华半点关系也没有。用努力更替努力，用时间征服时间。必将经历的，不可绕行。因此，要找到那个本我的出口，以及那个触摸未来的奇异触角。

不懂心理学的裁缝不是好造型师

最好的相处，是懂得。不只生活如此，工作亦然。

很多事情用不得蛮劲。你所给予的，如果不是对方需要的，那么越多的努力，就是越多的错误。

单枪匹马闯入时尚圈，为了更好地完成工作，我只能比别的造型师更加细致和用心。更多的时候，我是通过察言观色和换位思考的方式去累积平日工作里和明星相处的经验。

在造型师这个称呼的前面，我先是一个观察家，然后是他们的心理治疗师，再是一个用心裁剪的裁缝，这些工作完成之后，我才能称得上是一个真正意义上的造型师。在与明星长久的相处过程中，我发现了极为重要的一点，那就是要带给他们足够的安全感。

其实在艺人上台之前，我往往都是他们所能见到的最后一个人，也就是说，所有关于造型修补的事情在这个时刻只有我能完成了，比如帮他补妆、铺好裙摆、替他确认一切 OK。所以明星登台之前，他们往往会习惯性地从我这里寻求自信，此时的他们看不到镜头，也照不到镜子。

我的出现则像一个心理医生，给予他们强大的心理依靠，一个肯定的眼神甚至可以让这些万众瞩目的明星在此时保持百分之百的自信，然后登上舞台向观众展示自己。

虽然我的工作是在后台完成的，很多人认为这样的工作比起舞台上明星们的光鲜亮丽显得十分黯淡和枯燥无味，但我在工作中，从未有过这样的心态。

我爱我的事业，我喜欢我花费心思和精力设计出来的造型，可以经由艺人们把这些创意展现在观众面前，我感到很幸运。每次做好造型，看着艺人从升降台上升上去，随之而来的是粉丝们为她们发出的尖叫声，每当这个时候我都会很感动，甚至比艺人自己还要感动。

也许正是出于这样一份奇妙的感动，我对每一根头发、每一个针脚的处理都会比艺人更加在意，这对于我来讲，不仅仅是兴趣所致，更是出于职业道德。

大概是因为这样的职业习惯，关于很多造型师的一些想法，我一直以来都不太能理解。他们中不少人都认为造型师的职业范围就是负责帮明星做好造型，把明星送上舞台后，造型师的工作就算结束了；拍摄杂志的时候，很多造型师化完妆以后就会躲在一边玩手机，似乎接下来要发生的一切都与他无关了。

对于我来讲，造型完成只是第一步，真正让人们记住整个造型却是如何展现的问题，因此，在我的职业生涯里，我的工作是在这一刻才算真正开始的。在这个过程中，我就是艺人的眼睛和镜子，我要时刻帮她观察她的妆容哪儿还可以改进，造型上有无纰漏，艺人的 T 区有没有出油，甚至有一绺头发掉下来影响到整体造型的效果都是我工作的失误。

很多造型师并没有意识到这一点，他们很生硬地把造型前和造型后分开，而事实上，整个造型和其展示过程是无法分割的，好的造型在整个展示过程中都需要有所保持和修正，好的展示又能让造型设计达到最好的效果。也正是基于这一点，我会一直盯着他们，直到演出或者工作完结的最后一分钟，工作才能算是真正结束。

— — —

说到造型师的辛苦，如果单纯只是体力上的辛苦，比如跑店买造型素材、熬夜跟班这类的，那还不算太劳心劳力。真正折磨人的，很多时候是来自造型师心里面的压力。

由于跟我合作的艺人大多是女明星，因此，每年为她们准备各大颁奖典礼的红毯造型是最令我抓狂的事了。首先在设计之前要把功课做得足够好，先要调查哪个礼服被哪些女明星在其他场合穿过了，要知道红毯撞衫是造型师最忌讳的事，心中大概有数后再去各大国际名牌抢“战袍”。

这一阶段也是十分讲究的，不是一味地追求造型漂亮就可以，作为艺人信赖的造型师，我要提前研究当天走红毯的女明星都有谁，她们各自有什么优势，比如林志玲腿长、舒淇性感等，我要结合其他女星的特色和自己负责的艺人的特色，综合考虑如何设计她们的造型，既要避开其他人的优势，又要在造型上费心机，从而使她们一出现，就能在万花丛中跳脱出来，成为红毯上的焦点和闪亮的风景。

我常碰到两种极端的女明星，一种是甩手掌柜型的，比如像小S，她对造型的宗旨永远就是“要够紧、要性感”，除此之外，剩下的全听我的安排。另一种是私下品位就很出众的女艺人，像大S和侯佩岑，她们在私人生活中对服装的搭配就已经很讲究了，有时甚至比台上还时髦，她们会有自己的要求和想法。

这两种截然不同程度的女星都会给我带来不同的压力。前面一种虽然除了基本要求之外，其他的我都能做主，但是随之而来的就是非常重大的责任。比如我为她设计了一个造型，但是隔天的报纸出来之后她没有登上最美前三强，或者是登上了造型的黑榜，那么这个责任就无疑是我的了。

后面一种女星，由于她们的品位和标准很高，尤其是在同她们合作走红毯时，她们会提前准备很多杂志画报，分享自己的想法。在这样的情况下，我在和她们沟通之前只能准备更多的资料，并且还要结合她们的想法呈现出一个最终效果比她们预期的更好的造型出来。

每次我负责的艺人走完红毯，我并没有认为可以好好休息，我更关心她们的红毯造型在当天到底收获了怎样的评价。所以，我回到家的第一件事情就是定好隔天 5 点钟的闹铃。在我家楼下有个便利店，每天早上 5 点钟报纸就会准时送到那里，也就是说，昨天所发生的一切已经被刊登在了那份轻薄的纸上面，我会第一时间冲下楼，把报纸买回来，然后快速地浏览娱乐版，确认她们是否出现在红毯造型的前三甲，或者是看看大家对她们昨天的造型是如何评价的。然后把这些内容拍成照片发送给我造型的艺人看。

直到这一刻，我身为一个造型师的任务才算真正完成了。

当然，我很期待她们的造型能获得首肯，但是如果真的得了第一名的话，我在高兴之余，苦恼又会接踵而至，因为对下次的红毯造型，大家又会有更高的期待，为了满足大家的期待，我必须付出更多的努力、花费更大的心思，这样才能保证她们每次出现的造型都比上一次要更漂亮、更引人瞩目。在这样的情况下，压力就会像滚雪球一样越滚越大。

工作越来越多，造型越来越成功，我对于造型的感触也越来越深刻。对于明星来讲，他们对于造型师的选择有很多，因为大部分的妆容和造型都是常规的，只要花些心思，其实很多造型师的水平都是不分高下的，这就让造型师不得不去面对一个被选择、被淘汰的被动局面。的确，艺人可选择的造型师那么多，他为什么非要跟你合作不可呢？就好像女生选择包包一样，市面上的包包款式和牌子很多，什么能让她们在众多的选择中选中一个呢？

其实就是名牌包的品牌效应和影响力。名牌包包会让女生心动，是因为它们本身就具有与众不同的价值，不仅质量过得去，而且在名气上和外形上也能帮助选择它们的女生提升形象。

同样的道理，如果造型师本身就具有价值，技术上又过得硬，很多明星自然就会更愿意带这样的造型师出场。摸透了艺人的这层心理以后，我开始有意识培养自己的“价值”。

再小的个体，也可以打造自己成为品牌，价值与影响力才会随之产生。找到自己，世界才会找到你。

生病是不敬业的表现

在任何领域力争上游的时候，幸运会降临在责任心强和意志力强的人身上。一身才艺，却没有一颗愿意长久付出的心，是不可能爬到顶端的。很多时候的精明，都会导致吃大亏。

责任心强和意志力强，不仅在于对待外部事物，也在于如何对待自己。忙碌的状态很容易让自己在不经意间就生病了，一旦生病了，工作的状态就会受到影响。因此，在我看来，生病就是对工作的不负责。

也许是因为经历过接不到工作的窘迫时期，所以我接到的活对于我来讲不仅仅是一份工作，更是对未来的全部寄托。因此，在后来工作略有起色的时候，一旦有化妆、造型的机会找上门来，我都不敢有一点怠慢，再忙也会要求自己硬着头皮把工作接下来。

后来，我事业上升的那几年，这样的观念使得我的行程被安排得满满的。毫不夸张地说，我比明星还要忙。

当时的日程安排几乎都是重复着同样的过程：先跟一个艺人工作两三天，忙完手头上的工作后明星回去休息，我就拖着行李飞回台北，冲个澡再换上一箱为别的艺人准备的服饰和化妆箱出发，有时连觉也来不及睡就要赶着飞机飞去下一个工作地点。

这样的满负荷工作对身体是一个极大的考验，但无论前一天多累多辛苦，在我的工作理念里面，我从来都不允许自己表现出一丝一毫的疲惫。

在我看来，人家只是放心地把工作交给我，并没有义务知道我在此之前究竟连轴转了多少天没有休息，忙与不忙都应该自己消化。如果我把上一份工作中消极负面的情绪带到下一场工作中去，那么，在别人那里留下的将会是一个很不专业的形象。而“不专业”这个词，对于我们靠专业技术树立形象的职业造型师来讲，会是一个非常不好的标签。

所以，只要一打开我的化妆箱开始工作后，我都一定会呈现出精神抖擞的状态，这一点是我认为的最起码的职业精神。

后来我创办了自己的公司，这样严苛的工作态度同样是我对同事和助手们的要求。我不断地给他们灌输这样一个观点：绝对不允许无缘无故生病，如果病了就是对工作的不负责任。很多人认为我这样做对他们有些苛刻。然而，实际的情况就是这样的。精神状态的确会影响到工作效果。

因为你的感冒发烧，必然使得自己的精神状态被扣分，从而无法处在最佳的状态，而造型师的工作需要高度细致和专注，也许就是一两次晃神，某处妆容或服装上的细节就会被忽略，从而直接影响到艺人最终的造型。

有人问我，难道不想生病，病魔就真的不会来吗？我的回答是肯定的。是的，我一年中如果有一两次头疼脑热的话，同事们都会觉得不可思议。因为我知道自己生病不得，所以就会很小心地照顾自己的身体。

由于要常常飞来飞去，还要等通告，或者陪着节目组出去录外景，风吹日晒是常态，所以，我走到哪儿都会多带一件衣服避免着凉，如果是熬夜工作，我一定会补充一些维生素增强抵抗力。每周坚持规律的运动也是保证自己精力充沛的好方法，这是个老生常谈的健康问题，但的确有必要。如果住的酒店有健身房，我一定会挤出时间去锻炼，只有先尊重自己的身体，身体才会健康地尊重你自己。

— — —

2007 年，我同时负责湖南卫视《名声大震》和《快乐男声》两档节目的造型。这两个节目加起来的工作量不小，每周有十二组选手，每次比赛要换两三套衣服，而且时间都十分紧迫。

那段时间我几乎每周都要根据上个礼拜开出来的歌单，赶回台北，选取不同风格的服装效果图，然后用两天的时间将这些衣服定制出来，完成后再将这二十几套衣服运到长沙。

演出前一天选手们会走台试装，如果不合身或者有瑕疵的话就需要连夜修改，这样的工作状态非常紧绷，现在回想起来，那段时间都不知道自己是怎么熬过来的。我就一直靠着信念支撑着自己：告诉自己生病就是不敬业，很多演出人员在等着我去帮助他们提升信心，我的责任非常重大，所以必须要撑下去。

说来也是奇妙得很，当精神状态调到紧绷状态时，似乎身上的免疫细胞也都很听话地行动起来了，所以在那段时间，我从未因为劳累过度而生病，相反，精神状态一直都保持在良好的状态。

其实，人的意志力是有无穷潜力的。它可以掌控身体密码，继而掌控现实和梦想。

人生就像一场又一场的马拉松，当跨过起跑线的那一刻，就要将心沉下来，潜入身体深处，咬紧牙关直到最后一刻，以完美的姿态越过终点线。

她们的战袍，我的战场

在最好的年纪里尽情折腾，是对我这个工作狂的准确概括。

永远将体内的发条拧紧，尤其是大家玩得最欢乐、最放松的周末、节日、跨年这些时间点。日子久了，仿佛每逢节假日，我就生活在平行时空的另一个维度。

在台北，很多人都会在跨年的时候欣赏到作为台北地标的 101 大厦燃放的美丽烟花，以此来庆祝新年，增加欢乐的气氛，但我很少能有这样的机会。

因为在每个忙碌的跨年夜里，我都是站在跨年晚会的侧台，看屏幕上倒数五四三二一，此时主持人喊“新年快乐”！直到节目真正结束的时候，也就是接近凌晨 1 点多时，看演出的人潮散去，我逆着人流整理舞台上的衣服，默默把化妆箱搬到自己的车子上。差不多收拾到凌晨 3 点钟时，跨年夜的工作才算真正完成。这时我才会去看看哪个朋友家的 party 还没有结束，混进去喝一杯暂时放松一下自己，开始感受一会儿属于自己的新年。

回想一下，入行 20 年来，最近这一两年我才敢放下紧张的工作，有意识地给自己放个假，也是这样才有时间能在跨年的时候赶场子参加新年聚会。

– – –

有人问我为什么这么拼命？其实答案非常简单，就是因为热爱。所以会忽略那些困难和艰辛，参与到每一次工作当中。

早期接到的许多娱乐节目，是我塑造个人风格的起点，他们带给我机会，创造了学习和实践的空间。但是真正让我放飞梦想的，是那些让我感到寂寞的节目。仰赖于这一场场战役，我磨炼了冲锋陷阵的水平，也成为圈内举足轻重的一员，这是这些节目赋予我的最重要的意义。

在大陆做《名声大震》、《快乐男声》等大型综艺节目，规模巨大，经费标准极高。虽然必然伴随更大压力，但是战场越大，自我成长的空间就越大。自从 2007 年参加了这两档节目的录制之后，我开始逐渐把重心转移到大陆地区，并且在这里寻找新的工作和新的发展空间。

这两档节目给我留下的最深刻的印象就是每一期节目的配备都几乎是演唱会级别的，无论是音响、舞台布景、造型设计等，一切标准都是当时国内最华丽最顶尖的。

当时的造型工作很辛苦，每一期都要做大量的准备工作，根据主题和艺人的特点反复开会，大家一起讨论当期的服装和妆发。尤其是《名声大震》，这种现场直播的节目时间非常紧凑，如果用时间精准计算的话，歌手们每一首歌之间的换场只有 19 秒左右，时间虽然短，但是要求却没有因此而降低。几乎每一秒该做什么、提前要准备好什么都要掐得非常精准。

这样的节奏除了要求造型师的造型水准过硬以外，对其心理素质的要求也是非常高的，如果稍微顶不住压力的话，都有可能影响到整台节目录制的进度。

对于我来讲，入行 20 年，每一次准备演唱会的时候，我的焦虑都是有增无减的。参加演唱会的压力比为电视台节目工作要大得多，因为我永远都不知道前面会发生什么样的突发状况，又即将面对怎样的挑战。

在大陆最早参加的演唱会是丁薇的演唱会。丁薇那场选择的歌曲都是安静的、柔美的，现场没有做绚丽夺目的舞台效果，她整场下来几乎都是一个安安静静的、站在那里唱歌的女生。而且也没有嘉宾来串场，所以整个演唱会的节奏非常紧凑，几乎一唱完下一曲就紧接着来了。这对于造型师来讲是一个考验。

由于没有其他环节的加入，所以我没有了更多可以利用的空当，每到要换衣服的时间，我就只能利用间奏的暗场间隙快速地跑向后台，然后迅速帮她穿好，当她换好衣服回到舞台上时，一束聚光灯正好落在她的身上，大家都报以热烈的掌声，演出继续。整场时间非常紧张，而我也在这样的情形下完成了当天的造型工作，很幸运的是，那天没有出现任何纰漏，造型工作算是真正顺利完成了。

— — —

尚雯婕在圈里是出了名的造型多样，她玩电子音乐，需要她展现出与众不同的效果。所以，我和她合作，玩过很多夸张的造型，比如说用纸做衣服，把芭比娃娃挂在头上，或是用铁笼子做裙子等。很多造型在当时是十分前卫和时髦的。即使在今天看来，有些依然光彩夺目。但极少有人知道，我在和她合作的时候，竟会碰上她换装时被裙摆卡住的紧急情况。

同样的惊险张靓颖也碰到过。那是她的一个演唱会，之前我们彩排的时候一切都很完美，但是，很多演唱会都是这样，即使此前的彩排非常完美，但真到演唱会那一天，依然会有惊险的意外发生。张靓颖在演出的当天换了一双高跟鞋，比之前彩排时候的略矮了一寸。看似一个很小的细节，在试装的时候问题就出来了。

当她穿着裙子走出去时，我突然发现昨天的裙摆还是刚好可以盖住鞋子的，今天突然变成了拖地长裙，铺到地面了。而当我发现的时候，她已经站在了升降梯上准备好上台。我当时心里慌了一下，心想："完蛋了，待会儿她走出去动作幅度稍微大些就可能踩到裙摆，跌倒就惨了！"但这时已经完全来不及叫她下来了，唯一的办法就是我和助手飞快地各自拿了一把剪刀冲到那个正在缓缓上升的升降台上，用最快的速度把裙子拖地的边缘剪掉。

如果慢一两秒钟的话，也许我和我的助手会跟着靓颖一同升到了舞台上，真是让人心跳加速。其实，几乎每次参加演唱会都会被这样或者那样的突发状况折磨，但对于我来讲，这样的情形却是非常有挑战的，挑战之后的快感同样是其他工作无法与之相比的。

生活这件事，有时是守恒的。所以潮起潮落，都是必然。所谓热爱，无关结果与回报。沸腾了自己的血，升温了自己的梦，就是最大的圆满。

P

第 5 站

一路：

没有人是一座孤岛

在演艺圈打拼多年，与很多明星相识，并成为朋友。不可否认，在这个圈子里获得成果有天分和幸运的因子，但更多的仍然是努力和勤奋。我所认识的很多明星朋友，他们其实都很单纯，不懂复杂的人际关系，但对待自己的作品却精益求精，所以才能一直受到观众的喜爱，持续走红下去。

疯狂的“美容大王”大 S

关于明星与造型师的关系，Lady Gaga 的造型师 Brandon Maxwell（布兰登·麦斯威尔）说过一句很露骨的话：“明星穿得好看，就会有人来找你做品牌代言人，也会找你演戏，这背后就是白花花的银子。”

这位老兄说话太现实，但抛开金钱不谈，明星的个人形象当然是身价的重要决定元素。造型师又与明星关系密切，利益相互捆绑。多年工作在这个圈子里，与很多明星成为朋友。我们都是先在工作中彼此信任，相互依赖，然后引为至交。

大 S 是与众不同的存在。与她相识多年，从默默关注，到一起奋斗打拼，再到见证她成为红遍全国的大明星。在我心里，她永远是最值得珍惜的朋友。在时尚造型方面，我们会互相切磋，因为她是非常有想法的人。

除了服装搭配，她在护肤护发方面也很有心得，记得有一段时间，她被称为“美容大王”。大 S 保养自己的重点是美白，而她独特的美白方法真的让我惊讶。因为她最重要的美白秘诀竟然是——不晒太阳！

在我看来，这简直是不可能的事情。人怎么可能不晒太阳呢？而大 S 真的是太疯狂了，除了工作，只要没有特殊的事情她都不在白天出门，如果必须出去，她也一定会头戴防护面罩，穿的衣服都是长袖的，还会戴上手套，总之是全副武装，尽量不让自己的皮肤受到紫外线的照射。她的行头真的让我感觉快要喘不过来气一样。

工作的时候，大 S 都会做好防晒。记得有一次在泰国拍摄广告，摄制组要求在阳光充足的时候拍摄。只要导演一喊卡，大 S 就躲到阴凉处拼命地涂防晒霜，而且还是那种防晒系数高达 100 倍的防晒霜。普通人会用很久的一瓶防晒霜，大 S 只要一个上午就全部用光了。所以现在的徐熙媛已经不是那个艺校里黑黑的假小子了，她白皙的皮肤让她变得真的很美丽。

还有一处也是大 S 保养的重点，就是锁骨。锁骨是很多女孩都忽略的地方，她们只把那些化妆品和保养品用在脸上，时间一长，脸部和脖子就会出现差异，最明显的就是肤色和细纹。由于脸部保养得很好，皮肤就会增亮，和脖子至少会差两个色号。而颈部会因为缺乏保养而产生细纹，导致虽然脸看上去很年轻，但是脖子却暴露了年龄。

走在街上，如果你仔细观察就会发现，很多女孩的妆看起来很厚重，感觉皮肤已经不透气，无法呼吸。那是因为她的脸和脖子有着明显的色差，让她的妆看起来更像是一个面具。

– – –

对于女人来说，尤其是对需要出现在荧幕上的女明星而言，身材和皮肤一样重要。入行后，大 S 对自己身材的管理可谓是非常严苛。大 S 的身材属于扁身，骨架偏大，这样的身材就显得很吃亏，因为只要稍微有一点点肉就会显得很胖，尤其是在镜头前更是如此。

为了不让自己出现在电视上的时候显得圆润，大 S 开始了自己苛刻的减肥道路。她尝试过各种减肥方式。几近疯魔的她甚至还尝试了一些极端的方法，整个人每时每刻都处于减肥的状态，丝毫没有松懈。

这样的生活看上去有些累，可大 S 就这样一直坚持着，直到她当了妈妈，生了女儿之后，她才对自己的要求放宽了一些。 或许是因为身份的转变，她对人对事甚至对自己有了一些不一样的想法。

回想刚入行的徐熙媛，那可真是非常敬业。因为艺人的工作特殊，也比较繁忙，经常飞来飞去，所以录影迟到是一件很正常的事。在娱乐圈，只要不迟到，那就算是准时了。

但是在徐熙媛的字典里，准时可不仅仅是不迟到，提前也是不可以的。如果今天的通告时间是下午一点，提前十五分钟敲她的房门也不行。她对准时的要求是：不能晚，但是也不能早，必须要刚刚好才算得上是准时。

－　　　　－　　　　－

跟随大 S 工作这么多年，她的这种严苛也影响到了身边的每一个人，包括我。

我们只看得到徐熙媛的美丽，却不知在她背后是一个团队在共同努力。既然是团队，那么大家的工作目标就只有一个。如果团队里的某一个人工作松懈或者不敬业，那么影响的可就不只是他自己，而是整个团队。所以一个敬业的人，是不允许因为自己的糟糕状态而影响整个团队的工作进展的。

受到了徐熙媛的影响，跟她共同工作的每一个人都要拿出自己所有的精气神，用尽浑身解数努力工作，不让自己在工作时出现任何差错，哪怕再微小也不行。 从一个大咧咧、不懂得保养的小女生，到如今注重每一个保养细节的女神，徐熙媛在变美丽的同时，也获得了“美容大王”的称号。

2001 年，大 S 拍摄了电视剧《流星花园》，杉菜火遍了大江南北。作为好友的我，却并未觉得那时的大 S 是个大明星了。在我心中，一直觉得她还是我的学妹，我们一起拍摄，一起出外景，我给她做化妆造型。

直到那一次，大 S 被邀请去参加戛纳电影节。一行人飞到了戛纳，还来不及倒时差，我们就手忙脚乱地开始给大 S 做造型。我帮大 S 准备的礼服是一套黑色的鱼尾拖地长裙，我强顶住睡意帮她把裙摆铺好。

走上红毯阶梯的徐熙媛，成为周围的外国摄影记者的宠儿。我待在暗处，听见那些记者喊着大 S 的英文名“Barbie， Barbie”，然后便看见她回眸一笑。那个美丽的画面让我没有了睡意，我一直以为这样的画面是电影中才会有的，我在画面出现的前一秒还认为这是一个梦，不敢相信刚刚在红毯上回眸一笑的女孩竟然是我的好朋友！

大小 S 在圈内名声大噪的原因，除了她们的美丽和演艺天赋之外，还因为她们对圈内的朋友都非常够义气，熟悉的人都叫熙媛“侠女”。

人在江湖飘，总会有那么一些时候是需要别人伸出援手的。虽然我没有经纪公司帮我遮风挡雨，但每每当我遇到状况需要帮助时，她们总是义气相挺，第一时间跳出来帮我解决问题，这一点让我非常感动。当她们听说我的造型工作室要迁到北京时，主动提出帮我拍一组广告宣传照，让我真的感觉很温暖。

艺术没有规律。共同的原理就是
忠于眼前看到的世界，忠于内心
的情感，忠于灵感迸发的瞬间。

坚持坚持，许多事情就达成了。

行行业业，不同的荣光，不同的苦楚。

拼的，莫不是坚强。

我走遍了世界的很多地方，像个搬运工一样，带回各种细小的记忆，组建一个新的世界。

短版夾克、公主袖
平口領帶
解構百折裙。
以白色為主。

虽然是友情帮忙，但她们的认真和敬业让我非常感动。照片上大小 S 穿着我帮她们定制的塑胶连体紧身衣，还不断摆出高难度的瑜伽 Pose（姿势），为了达到最好的拍摄效果，她们还不停地练习，反复拍摄，非常不容易。

成长的一部分，是与过去熟悉的事物告别，去做一些从前不做的事，爱一些从前不曾见过的人。但总有一些人，你侧过头，发现他们始终都在。这一路同行的温暖，可以给人勇气。在那段路的起点，我始终相信，我们都值得更好的人生。

我眼中最性感的女人小 S

性感是一种由内向外散发的气息。其实，它并不是裸露。

我见过很多好皮肤好身材的女人，而我眼中的性感，则是女人全心全意进入工作的时候，展现出的孩童一样的认真和紧张。这个画面，在我脑海中的定格，是小 S。

其实比起姐姐大 S，小 S 对于自己的人生和工作比较随性。作为上天的宠儿，小 S 一张巴掌脸，身材曼妙，但她并不像姐姐那样在意自己的外形。她总是粗枝大叶，皮肤的底子很好，我从未见过她为自己的皮肤做任何的保养。直到生完小孩，她才开始注重身材的塑形。

_ _ _

那些年一起工作的时候，小 S 经常会做一些让人大跌眼镜的事情。我有一个习惯，就是每一次录影前，我都会请女明星带好安全裤、内衣等个人衣物和保养品，而通常，她们都会带两到三个包，唯独小 S 有些另类。

她经常是拎着一个包就来录影了。我问她："让你带的东西都哪去了？"小 S 就会从包里掏出一个打结的红色塑料袋，说"我带了啊，都在这儿了"。打开塑料袋，我只发现衣服和鞋子，顶多会有一瓶面霜，其他什么保养品都没有。虽然小 S 对于皮肤保养完全忽略，可我不得不说，她的皮肤真的很好，没有斑点也没有痘印，白嫩水灵，这一点真是让人又羡慕又嫉妒。

我见证了她们姐妹红起来的过程，知道在光芒背后，每个人的不易，尤其是小 S。

让我印象最深刻的是，有一次我陪小 S 拍广告，一条广告我们足足拍了三天，每天都只能休息两个小时，这样的工作强度让小 S 卸了妆之后根本来不及睡觉就被叫去摄影棚拍摄了。

第三天的早晨，终于收工了，我带着小 S 去吃早点。台湾的早晨，马路上都是行色匆匆的人，要么是去上学的学生，要么是赶着上班的白领一族。吃东西的时候，小 S 突然对我说，她觉得自己真的很惨，很渴望能够过上正常人的生活，我听了只觉得有些心酸。

— — —

其实做化妆师有一段时间了，对于艺人的生活和工作我也了解一些，所以我当时真的觉得小 S 的话让人心疼。我知道自己帮不了什么大忙，只好安慰她说："你看我们能有机会在上班高峰期悠闲地吃着早餐，看着忙碌的人群，这可能是朝九晚五的上班族一辈子都没有机会看到的，能体验别人没有的人生其实也很有意思。"

我很高兴我的一番话能够让小 S 释然，她又变回那个生机勃勃的搞怪女。在她们最艰难最辛苦的时候，我一直在她们左右，陪伴着她们，安慰着她们，鼓励着她们。正是因为我们一同走过那些让人难忘的时光，所以我们才会建立起深厚的友谊，成了无话不说的好友。

大家最熟悉的小 S 的节目就是她与蔡康永一起主持的《康熙来了》。节目一周只录制一次，一次大概需要一天的时间。其余没有工作的时间里，小 S 都会陪家人。尤其是在生了女儿之后，小 S 的闲暇时间都用在了三个女儿身上。

有人觉得，小 S 并没有其他艺人那么强的事业心。因为娱乐圈的竞争实在是太激烈了，一批又一批的俊男美女出道，一批又一批的艺人就要承受过气的命运。所以为了保住这个饭碗，让自己不消失在大众视野里，不知道有多少艺人挤破头去挣取机会。

我反倒认为这样的小 S 是一个聪明的女人，她知道如何在取舍之间从容进退，我想她很清楚自己需要什么样的生活，需要什么样的人生。

\- - -

由于小 S 将自己大部分的时间都用来陪伴家人，所以客户能够约到她一天的工作时间都是十分难得的。在娱乐圈混得久了，名气大了，一些像金马奖、金钟奖这样的大型颁奖晚会也都会邀约小 S 主持，只是每一次他们找上门去都会被小 S 拒绝。

主持了多年的《康熙来了》，小 S 与老搭档蔡康永的配合默契十足，不仅是人们习惯了“康熙组合”，就连小 S 自己也觉得离开了康永哥她就不安心，总是担心出现什么状况自己应付不过来。相比主持《康熙来了》的如鱼得水，小 S 觉得那些大型颁奖晚会会给自己很大压力，也不认为自己是能撑起全场的角色。

一次一次的回绝，反倒让电视台觉得主持人选非她不可，也愿意创造条件来配合她。这就是小 S 的另一面，也是鲜为人知的一面。或许下面这一点我说出来，你们可能更加的诧异。别看她在节目里嘻嘻哈哈，搞怪搞笑，泼辣大胆，其实小 S 出道这么多年，到现在都还是很害怕登台。

有一年的大型颁奖典礼，我早已在后台为小 S 做好了造型。我为她准备了一件深 V 礼服，可以完美展现出她的 S 形身材，发型完美，妆容精致，只等着上台。然而小 S 对五官、指甲的对称有着极其严重的强迫症。左边的眉毛比右边多出了一根，或者长了一点，她都会觉得难受。在那天颁奖典礼的后台上，小 S 不断照镜子，然后开始默默地修剪指甲。我知道，这是她的紧张症开始发作了。

我在她的后面默默地看着她的背影，感到有些可爱，也有些感动。出道十几年，小S的主持经验足可以让她淡定从容地去面对任何舞台，紧张，也意味着对舞台的认真与重视。

后来，很多人问我，为这么多女明星做造型，觉得谁最性感？每次听到这个问题，我都想到那一天，一个认真的女孩，带着完美的妆容，缩在一角为自己修剪指甲。这是我能够想起的，女人最性感的画面。

有一种青春叫范晓萱

有一种青春叫范晓萱。它唱着稍息，立正，站好。就像书包里摇摇晃晃的童年，写满无拘无束，让人想笑又想哭。

小魔女大红大紫的年代，我和范晓萱开始了最初的合作。那时她还是十六七岁的小女孩，但大街小巷都播放着她唱的歌曲，她是那几年最火的女艺人。这一切对于她而言，像是突如其来的一个炸弹。她乖乖地应对着所有的关注，可是很多人都忘记了，她只是一个小小的女孩。

因为在圈子里，我与范晓萱都算很年轻，小朋友与小朋友很自然地有更多话题，合作起来也更愉快。让我印象很深的是，她几乎被逼成了工作狂。那时候几乎每一天都有成堆的工作等着她。我俩最夸张的纪录就是一天接 16 个通告，这对于我们彼此来说，都是巨大的挑战。

我陪着她去香港工作，短暂停留两三天的时间。到了那里，几乎所有的娱乐周刊都要找范晓萱拍摄，因为她实在是太火了。我们只好将时间安排得没有缝隙，在几个小时内要拍好几个月用的内容。早上拍杂志，之后去电台录节目，中午还会有一场记者招待会，下午需要参加一个演出，晚上还要通宵拍摄杂志大片。

我们累得连抱怨都没有力气。我们每完成一个通告都会即刻上车，赶往下一个地点。而一上车，就马上睡觉。因为当时年纪小，晓萱妈妈一直把我们看做是小朋友，看到我们倒头就睡，还感慨地说：“小孩子能睡就是福。”

_ _ _

可爱的歌声，甜甜的笑容，轻快的舞蹈。在范晓萱的身上，我们感受到青春的美好。人们希望小魔女永远不要长大，可范晓萱的心里，却渴望突破这一切，成为她自己。

范晓萱拒绝了偶像生产线的打造，她剃了寸头，眼神坚定，“我是范晓萱，二十一岁，要做自己的音乐。”爵士的范晓萱，摇滚的范晓萱，再也不是那个被压抑着不允许长大的孩子了。

从最开始的乖乖女到现在有些另类的女艺人，这样的转变让人有些无法接受，一些人猜测范晓萱是不是学坏了，毕竟娱乐圈太复杂了。

她的每一个阶段都有我跟随，我陪着晓萱一起走过了她人生的各个阶段。她并没有学坏，她只是长大了。她不再是那个什么都不懂、一切要人安排的小女孩了，她现在是一个女人，成熟的她找到了自己的定位，那个听话的乖乖女并不是真正的她。而作为造型师，我能为她做的，就是根据她的性格和曲风，为她设计一个最适合的、属于她的造型。

晓萱始终都是一个认真做自己的艺人，每次看见她，回想起我们并肩作战的日日夜夜，我都会发自内心感到温暖。

铁打的宪哥，流水的兵

在台湾娱乐圈工作了这么多年，与明星们的合作还是不少的，大家都有各自的特色，有的人讲起来还蛮有趣的，比如吴宗宪。

从综艺节目《我猜我猜我猜猜猜》开始，我跟宪哥合作了将近 10 年的时间。熟悉节目的人都知道，节目中和吴宗宪搭档的女主持一直都在换，先是大小 S，后来换成阿雅和杨丞琳，最后又换成小 S 和阿雅，只有宪哥一直都在。

女主持人的造型会更复杂些，而男艺人，像宪哥，一般都不会像女艺人那样去打点，所以在打理造型方面，他算是非常好配合的艺人了。

不过即便是这样，在合作过程中，他还是有两个造型死穴坚决不能碰。一个是不要太热，他背上特别容易出汗，但作为主持人又不能让他穿得太随性，或者没有季节感，要方便他在主持时跑来跑去。除此之外，他身上的元素还需要和另外两位女主持人的服装搭配，所以很难挑选出合适的衣服。如果太热的话，主持人的背上被汗水浸湿又会显得很不雅观，因此我每次为了解决这个问题都要绞尽脑汁。另一个死穴是绝对不能往他的头发上抹发泥。因为发泥抹到头发上很难清洗，他会很难受。如果碰上节目需要，非要用定型产品的话，宪哥对我的要求是用最少量的发胶做出最有型的效果。

他只有这两个要求，其他怎么搞都无所谓。但是如果这两样搞不好，就麻烦啦，所以在给宪哥做造型时我都会围绕这两点去展开，以求好的造型效果和舒适感一并达到。

和大哥一起工作养成了我察言观色的习惯，我很会揣测他录影当天的心情，这样的习惯可以让我更准确地把握即将留给我的化妆时间，提早做好准备。有时碰上宪哥心情特别好的时候，他会和嘉宾、制作人大聊一通，导致最后留给我梳化的时间可能只剩 5 分钟，所以我必须研究好怎样在最短的时间内帮他把衣服穿好。

大家在节目上看到宪哥总是嘻嘻哈哈地和小女生开玩笑，有些人会以为他在生活中是过于随意的人，但其实现实中他并非如此。私下他对家人非常好，我们只要有去外地演出或主持节目的机会，他会尽量带着家人一起去，一家人其乐融融的画面是我们经常可以见到的。

范范是位傻大姐

很多娱乐圈的艺人在电视上表现出来的形象和他们实际生活中有着很大的不同，很多人认为范玮琪是一个仙女一样柔媚的人，但其实现实中的她是一个傻乎乎的、非常可爱的人。

第一次跟范玮琪合作，我的第一反应就是：这个人怎么那么假？因为她每次都会认同我的造型设计，即使在我自己并没有非常满意的情况下。

在之前，我帮范范做过的几张唱片里，她的专辑造型通常是走仙女路线，大家似乎也很喜欢她那个样子，所以很少去尝试，也好像不需要去尝试那些太怪异的服装。所以我就按照自己的理解，为她打造了好几套造型。

我心里想，总有喜欢和不喜欢的区别，于是便询问她的意见。然而不管什么时候我问范范的意见，她都一脸认真又很有礼貌地跟我说："这套太棒了，我好喜欢！"

几乎每次合作下来，关于造型她都通通不发表意见，无论我怎么做，她都说好棒，好像有些敷衍似的，这让我觉得好奇怪。跟之前的经历有所不同，之前跟我密切合作的对象都是像范晓萱、大小 S 这类直爽型的女艺人。她们认为不好看就一定会直截了当地告诉我，或者直接说出自己需要什么样的形象。只有范范总是老好人一样永远称赞我，以至于前面几次接触时，我都在心里默默翻白眼："这造型她到底喜不喜欢啊，怎么会有这么假惺惺的人，有不满意也不说出来。"

但时间久了，在我和她接触了一段时间之后才知道，范范其实就是这样的人。她是个率真又亲切的女生，因为出生在美国，加上家庭教养很好，造就了她非常有礼貌的个性。她非常尊重别人的劳动和付出，并不会因为个人的喜好而影响到她对别人劳动的尊重和赞美。所以我从她那里听到的赞美并不是她假装说的或应付什么的，而是对我真的认可。

— — —

别看范玮琪外表长得像仙女一样美，看上去好像心态也是柔软细腻似的，但熟络之后我发现，其实她骨子里一直住了位傻大姐。她有很多看上去很直率天真的话语、举动，让很多人都感觉到她的天真可爱。

记得她刚生完两个儿子后不久，我在一个聚会上碰到了她，猛赞她身材恢复得特别好，完全看不出是刚生完 baby 的新手妈妈。也许很多人听到这样的话会笑一笑或者客气地回应一下也就过了，但是范范这个傻妞却不。她居然当着一堆陌生人的面回我说：“怎么会很瘦？你看，我这边都瘦不下来！”说着就把衣服撩起来，给我看她肚子上的肉。

当时我站在边上一时不知如何是好，看她讲得兴高采烈的，我在一旁却替她直冒冷汗。范范常常这样，说话直来直去，有时不经大脑，还因此有过不少糗事。

永远将礼貌挂在脸上的林志玲

“礼貌”这个词我们从小就学习，但越长大越发现，简单的事情有时却会慢慢地被大家忽略，真正能时时保持礼貌的人并不多。我觉得，在中国这样的社会中，有礼貌的人一般运气都不会太差。

娱乐圈里，与范玮琪一样礼貌周到的女艺人我还合作过一位，比起范玮琪，她甚至有过之而无不及，这个人就是林志玲。

第一次见到林志玲是在香港的一家广告公司，那时的她还没什么名气，刚刚踏入演艺圈，很多人并不了解她，不过我们碰面时，她一句亲切的“小 P 老师，你好”，给我留下了深刻印象。

不论这时她是不是明星，但至少在我认识她时，她给我留下了美好的印象。也许，正是她在很多场合都给人留下这个美好的印象，才为自己积累了不错的人缘和人气，所以几年后她会蹿红，而我们合作次数也越来越多。

一次她做了潘婷的代言人，我们一起飞去国外拍广告。那一次的工作压力不小，持续工作时间达到了 12 个小时以上，工作人员早就累得没办法打起精神装作有礼貌，大家的脸上都掩不住疲惫。只有林志玲嘴角始终挂着笑容，到收工时她仍耐心地和现场每一位工作人员说“加油、谢谢、拜拜”之类礼貌的话，而且包括化妆师、灯光师、摄影师在内，一个人都没有漏下。

在娱乐圈这么多年，第一次见到这么有礼貌的女明星，我当时觉得很不可思议，就连我们这些男士都累得想倒头就睡，林志玲却始终保持状态，直到彻底结束当天的工作。

明明我已经疲惫得只想睡觉了，但眼前有如此一个梦幻般的女生还笑盈盈地跟每个人致谢、告别，让我犹如进入梦境一般。

志玲红得发紫的时候，似乎有一些招黑，总有负面评价波及她身上。很多不怀好意的人开始在背后戳她脊梁骨，等着看她的礼貌随和形象还能维持多久。可第二次、第三次…… 这样的性情从未改变，十几年的时间过去了，依旧没有人等到那个破绽。

每次在酒会、记者会上遇到她，无论多晚多辛苦，她永远以礼貌得体的淑女形象示人，体贴亲切地关心着每个人。我从来没见过她把自己的情绪带到工作中，她每次的工作状态都十分饱满，从未将与工作无关的事情带入其中。而且她知道如何表现出对别人的尊重，即使只是见面几次，再碰到时她总能准确叫出你的名字。

大众心目中的所谓“女神”不就是这样么？不但有着姣好的身材和面孔，还永远将礼貌和笑容挂在脸上，这样的林志玲想不继续红都很难。

男神黄晓明的自我养成

说完了女神的故事，再来聊聊男神的话题。

帅气多金的黄晓明在很多女孩子心中都是白马王子，这让同为男士的我感到很羡慕。说实话，晓明无论是从内在还是从外在上看，都是一位优秀的男士。我见过他家里的衣帽间，简直布置得像是商场的柜台，柜子一层一层，打开一格一格，里面的东西摆放得特别整齐，我相信很多女孩子都不一定能达到那个程度。

而且，他对自己家的物品了然于心，每当我提出需要一个黑色蝴蝶领结之类的明确需求时，他都能非常准确地告诉我在房间里的哪一层柜子的第几个格子里。对于这一点，我一开始确实有些惊讶。

除此之外，在我合作过的男艺人中，没有人比黄晓明更在意保养和造型。比如在宪哥心里，更多地只关心放假去哪里打高尔夫球，根本不会在意会被晒黑的问题，而蔡康永对造型很有自己的想法，却对皮肤保养也不怎么上心。

唯有晓明长得最帅，也是我合作的男艺人中最自恋的。他在保养和置装方面花起钱来毫不手软。我在国外旅行逛街，晓明会请我看到有适合他的衣物就帮他添购置办，价格方面不需要考虑太多。

我想，也许正是他这种完美主义的态度才能把自己打造得这么精致，无论是自身修养还是事业成长，都能看出他在用心地经营。当然，结果也正是我们所看到的，他获得了巨大成功。

由于职业使然，我认为自己已经是非常注意皮肤状态和保养的人了，但面对爱美的黄晓明，我还是甘拜下风。因为他除了会用到很多护肤品，注意自己的皮肤状态之外，每天照镜子的时间想必也很久，他是那种路过任何能够反光的玻璃，都会扭头照一下的“自恋狂”。

当然，他有这个资本。

阿雅私下是一本佛教经书

演艺圈里，很多艺人其实都是本色出演的，比如林志玲无论台上台下都很有礼貌，黄晓明一直都很细致，等等。但有些艺人是台上台下反差很大的，可以用“静如处子、动如脱兔”来形容，阿雅就是一个典型代表。

不知道是不是有人对阿雅的记忆还停留在十几年前的《锉冰进行曲》——“红豆、大红豆、芋头”——的年代，这首经典的歌曲让阿雅的活泼开朗被观众牢牢记住。虽然她从出道开始就保持着鬼马精灵的风格，在台上也插科打诨逗得大家非常开心，但其实舞台下的她反差很大，她不再是一个蹦蹦跳跳的邻家女孩，反而显得非常平和，像一个布经说道的人。

跟她聊天，就像对着一本正在朗诵的佛教经书。她这种反差在好友那里经常被吐槽，比如私下聚会时，阿雅总爱讲些心灵鸡汤类很空灵的话，每到这个时候，心直口快的小 S 都会对她说：“阿雅，请你讲人话可以吗？”逗得大家哈哈大笑。

其实阿雅也不是一直都有如此反差的，在华冈读书时她跟大小 S 是同班好姐妹，和她们一样，她那会儿也是爱玩爱闹的。

不过进入社会以后，阿雅开始读了很多宗教类和帮助心灵成长的书，她的很多感悟都是从那些书上来的。2014 年，她和转世仁波切在美国结婚，生下女儿 Ava 后更是满溢着母爱，更加温淳和气，跟舞台上的阿雅判若两人。这也就是为什么小 S 总在节目里开玩笑说，阿雅嫁给了“活佛”的原因。

康永哥总有天马行空的想象

作为造型师，很多造型作品都会有我自己的想法在其中，有些艺人比较少有自己的想法，他们就会按照我的安排来配合，而如果碰上比较有想法的艺人，则会碰撞出不一样的火花。这其中最有自己想法的要属蔡康永了。

和康永哥结缘也是因为小 S，每次典礼、颁奖晚会她都指定我来做造型，康永哥觉得既然小 S 这么信任我，干脆我们也合作试试看，于是才有了我们之间的合作。

康永哥非常清楚自己想要的造型是什么，我们之间的合作方式也是从前期沟通开始的。通常在前期沟通的时候，他会抛给我一个想要表达的感觉，或者是一个元素，或者是一个画面，至于具体的表现形式则由我来设计。

2004 年，我们在筹备金马奖的造型时，康永哥的想法就很新颖，他说："既然是金马奖，大家看电影的时候都会做些什么？"他的想法里是希望能有些关于电影的巧思体现在服装上。

对于他这个想法我还是蛮认同的，毕竟之前大多数电影节的主持人都穿得很正统，如果能有所改变的话也许能给人耳目一新的感觉。康永哥对于这个造型的想法是："关于看电影，最常见的画面就是，大家窝在沙发上，手里捧着爆米花，喝着可乐。"讨论一番后，他决定"那就用爆米花元素好了"。

的确，这个想法是很与众不同，但要把它展现出来还真的需要费一番心思。回家之后我绞尽脑汁，想着怎样让爆米花出现在他身上，既足够抢眼，又不能太重，以免影响他整个工作状态。

于是我开始尝试很多种方案，最后决定干脆把他变成一个爆米花桶，肯定会很有话题度。我们用塑料泡沫做成爆米花的样子，再一颗颗地将其喷漆上色黏在一起。等这个诱人的爆米花造型试妆后，康永哥告诉我他很满意，但随之又抛给我一个难题："我希望主持进行到一半的时候，可以有爆米花拿下来吃。"这也算是破天荒了，结果金马奖当天，大家就看我搬着一个微波炉到后台，随时准备蹦爆米花。

跟康永哥合作总是不停地有新的挑战冒出来，有时他的一些天马行空的想法让我措手不及，但他的点子又新颖到让我想再努力试试看。继金马奖之后，我们又在2004年的金钟奖上有合作。

我要为康永哥设计造型，他又跟我提出了一个很令人意外的想法，他说："今年的入围名单太让人大跌眼镜了，我想在造型上表现出我的不满意，要不把我变成马桶怎么样？"

听到"马桶"这两个字我已经有些意外了，这还不够，还要把它变成一个活生生的造型，这马桶又要怎么弄在身上呢？还真不是一个一般的难题。

我先冲去家具市场买了黑色的马桶坐垫和马桶盖，这是我的一个习惯吧，每次造型前的选材我都会亲自去找。桶身的材质试验了很多次，我最终选定用白色的塑料亮皮做桶身的外皮，把它绷紧后有点接近陶瓷的质感。整个结构做好之后套在头上，远看就像是从马桶盖里钻出来的人。就在当晚，这个造型一出现就成了许多人拍手称奇的一个亮点。

当天的红毯上，遥遥望去有个“行走的马桶”，大家纷纷把摄像头和镁光灯聚焦在那里，媒体记者蜂拥而上，想第一时间和这个“行走的马桶”说上几句话。接受采访时，康永哥解释说：“《康熙来了》节目没能提名金钟奖主持人，就像是被冲进马桶一样；没想到东森电视又找到我和熙娣主持金钟奖，就像是我又从马桶里钻出来。”

我们之后还做了很多次这种夸张的造型，每一次看似浮夸、无厘头的搞怪造型的背后，其实都有一个康永哥想传递出的理念。

不方便说出名字的某某

当然，并不是所有合作过的艺人都能给我留下愉快的记忆，有时一些不愉快的事情也会发生。刚入行的时候，我一直以为造型师只要有出色的业务能力就能称得上优秀。但后来我慢慢意识到这个想法并不完全正确，这个错误的认知着实让我吃过几次闷亏。

那是一次很特别的经验，要帮一位当时很有知名度的女艺人化妆。在与她见面前，我提前做了不少功课，并且研究了她以往的化妆风格之后，设计了一套我认为最时尚最适合她的妆容。在此之前，我的设计思路几乎都是如此。等到第二天化妆的时候，女明星全程都表现得非常客气。

不过，她实在太大牌了，所以我也不敢和她过多地攀谈，只好安安静静地认真工作。直到整套妆容化好那一刻，我原本以为本次工作也就结束了。但我还没从忙碌中回过神来，还等待与她沟通下感受时，她已经礼貌周到地谢过了我，然后优雅地走到洗手池边把妆全部卸掉了。

这一刻像突然有一块冰锥刺进了我的心脏，寒意顿时流遍了全身，还有点隐隐作痛。

此时的化妆间里除了我们俩，还有她的几个助手，我当时整个人都石化了，什么也不敢做，也不知道该怎么做，只能傻愣愣地待在那里，看着她自己把妆重新上好，每一个动作都像一把冷冰冰的剑在刺我。

虽然整个过程中没有谩骂，更没有指责我的话语，这位明星也自始至终都保持着优雅谦和的态度。但刚刚所发生的一切却让化妆间的气氛降到了冰点，我甚至都没有机会去和她沟通，到底是哪里让她不满意。

这个事情我至今想起来都心中不适，因为它让我特别受打击，也正因为这个原因，我终于意识到沟通的重要性，尤其对于那些在娱乐圈中待的时间久、带有强烈自我保护的艺人，我虽然研究了她的风格和习惯，还做了不少自认为有价值、有分量的功课，但在不能明白服务对象真实的想法时，这些努力都有可能付之东流。

所以我在努力做功课之外，还要学会说服像她一样的艺人们突破固有的安全区域。开工前与艺人进行良好的沟通是造型师必备的一项技能，因为坐在我们面前的不是一块木头或是一块石头，而是一个活生生的人，他有情绪、有想法、有自己的审美，不是傻乎乎地任由造型师摆弄，因此有时顺畅的沟通比实际操作更为重要。

其实美与丑，多数都取决于个人的主观意识，即使是同一朵花也有人喜爱有人讨厌。假如他们因为我强加的造型在演出时缺乏安全感，表演就是失败的。而这样的结果并不是我想要的，也是违背我的初衷的。

总结这些年舞台造型设计的经验，如果一个造型无法呈现出明星最自信的状态，那么再完美的造型都只能是零分。

— — —

所以，这位被我隐去姓名的女艺人成了我职业生涯中最怕合作的艺人。但其实我也非常感谢她，在心中也把她视为人生中很重要的一位贵人，很多人会问，你既然怕她，为什么还把她称为贵人？

其实这并不矛盾。自从有了那次的合作经验后，我开始意识到沟通的重要性，之后，我会花更多时间在预先的交流上，尽可能详细地描述出造型最终呈现的效果，甚至找好效果图给艺人看，努力做到让艺人的期待和现实落差不要太大，进而减少这些不愉快的事情发生。让生活给我的这记耳光，成为我事业的一个华丽的助推与转折。

第 6 站

怒放：

有理想的青年不会老

P

在新趋势和新想法面前，落实，远比计划重要。

很多事情不需要准备完美再去做，而是需要立刻行动，不断精益求精。

遇见过很多年轻人，总是等什么火了再去追逐什么，计划得天衣无缝，却迟迟不见行动。如此，永远迈不出第一步，只能在原点打转。

美丽佩配：从幕后到台前

所有的被认可，都绝非偶然。当收到了意料之外的关注，我变得更自信，但是对工作我更加不敢懈怠。因为那些关注的目光，不应该被辜负。

无论幕后还是幕前，我仍是我。真正从幕后跳到幕前，第一次以嘉宾主持的身份在节目中亮相，是在吴佩慈开的一档节目《美丽佩配》中。这档节目的形式很有意思，整个舞台就像把化妆间搬上来一样。她需要找一个美妆老师，用聊天的方式把化妆、造型的技巧跟观众们分享，基于这个缘故，她找到了我。

起初我还是有些害怕面对镜头的，所以有些犹豫，不过好在当时节目的制作团队都是《康熙来了》的班底，大家之前就有合作过，而主持人又是我的好朋友，所以说到底都是和熟悉的工作人员合作，所以我还是接下了这个节目。

也许正是有了《美丽佩配》的出镜经验，所以后来在大陆录制《美丽俏佳人》时，我才能够在镜头前侃侃而谈。但我自己在录制完第一期节目时并没有明显的好坏的感觉，只觉得比较顺当，就直接飞回台北了。再次回到大陆已经是两个多月以后，不过已经明显有了不一样的感觉。

－　　　　　　－　　　　　　－

从一下飞机我就觉得不太对劲。起先是过海关，以前过关，安检人员核对一眼就能过去了，似乎没什么太明显的感觉，但这一次安检人员拿着护照多看了我几眼，我就有些怪怪的感觉了，随后去拿行李时保洁阿姨也一直盯着我看。

这时我就觉得有些不太妥了，甚至被看得发毛，于是赶紧跑去卫生间照镜子，看看我是不是脸上粘了东西或者衣服没拉好才被他们这样子“围观”。虽然确认完脸上没有问题，但刚才的疑惑还是没有解开，等我刚刚走出卫生间那一刻，又被一个女孩子给认了出来，她不仅认出我来，还准确地喊出了“小 P 老师”四个字。

— — —

从此之后，无论我走到哪里都能被节目忠实的粉丝认出来。从那时开始，一个叫小 P 老师的造型师开始被大家熟知，而我也开始有了明星走红之后的效应，第一次感觉到“我火了”，那样的感觉还真不是一两句话就能讲清楚的。

不过，我始终不认为，这个时代存在一夜成名这种事。天上的馅饼，只听说过，没见过。走出来的人，不止是运气好那么简单。就算运气好的人，也不止是听天由命那么简单。每一个成功，都能在背后找到冷清与煎熬。

美丽俏佳人：大陆事业的起跑线

人生的每一个阶段，就像是不同的游戏关卡。过了一关，就自然会进入下一关。所有前面的努力，都是后面的基础与阶梯。

在正式来大陆工作，也就是 2006 年之前，我在大陆的工作还只限于偶尔帮何炅、柯蓝这几个熟悉的艺人朋友打理造型，这样的状态一直持续到《美丽俏佳人》开播时才发生变化。此后，我开始频繁地在台湾和大陆间往返，工作变得更加多样和充实。

其实能有机会加入《美丽俏佳人》的大家庭，还要感谢我的朋友 Kitty。她是大陆资深的媒体人，对媒介传播有非常灵敏的嗅觉。在她的牵线下，《美丽俏佳人》的编导找到了我，当时我已经买了机票，拖着行李箱，准备聊完就飞回台湾，但在工体旁边的咖啡厅里，编导对于节目的设计、构想却让我改变了主意。

– – –

编导告诉我，他对于节目的构想，是类似台湾的《女人我最大》这类综艺节目，由于当时大陆还没有同性质的节目，所以市场潜力很大，谈话最后，他问我愿不愿试着录一集看看效果。这个节目需要造型师来分享一些专业的美妆知识，这个就是我平时所做的工作。

说实话，对我来说录制这个节目应该算是驾轻就熟的了，在台湾我也曾以美妆老师的身份出现在台前，且每天与这样的知识打交道，她们之所以成功，就是坚持做最简单的事。她们低调而优雅，谦卑而努力，从不松懈，所以始终一路向前。

ebay
台灣fash
adidas
3

WAVE YOUR BODY !
CRAZY DANCING
CRAZY DANCING

我认为小 S 是一个聪明女人，她知道如何在取舍之间从容进退，她很清楚自己需要什么样的生活，需要什么样的人生。

因为我们一同走过那些让人难忘的时光，所以才会建立深厚的友谊，成为无话不说的好友。

换个角度和身份把它们表现出来，我其实还是有经验的。

另外，编导所说的广阔的市场前景我是认同的，参与这样具有开创性的节目也的确具有独特的挑战性，所以我收回了打道回府的想法，加入到第一期《美丽俏佳人》的录制，效果还不错，我便把这个工作接了下来。没想到这个节目一录就是十年。

现在想想，刚开始虽然节目在摸索录制的阶段，但看着节目播出来后被许多人认可和喜欢，我心里的满足感很强。不过，这中间也闹过一些不大不小的笑话，现在想想还蛮好玩的。

我记得我刚开始不熟悉大陆和台湾语言表达的差异，录影时闹了不少笑话。有一次是服装搭配的主题，我介绍衣服时脱口而出就说了一句："我们要避免这个裤头露出来……"话音未落，全场的主持人、嘉宾、工作人员都哄堂大笑，当时的我一头雾水，不知道发生了什么。

后来才明白大陆说"裤头"指的就是内裤，而在台湾是指裤腰的边缘，知道这个差别后，再想一想之前说的话，连自己都快笑喷了。类似的语言差异还有很多，闹出了不少乌龙，也算是工作里开心的小插曲。

2016 年，《美丽俏佳人》迎来了它十周岁的生日，如果说这个节目有什么特殊意义的话，我想，那就是它开启了大陆女生对美丽的新认知，同时也开启了我在大陆的事业。原本，我只是把它当成一个全新的领域来看待，而播出之后在大陆的受欢迎程度却是我之前从来不曾想到过的。不仅普通女生很喜欢，连一些明星也对这个节目颇为关注。

我记得第一次跟张靓颖合作，是要帮她设计演唱会的造型。在那之前我们彼此都没见过面，为了能更好地达到造型的效果，我在第一次开会碰面时就提早了半个小时先行去到华谊的会议室。

在还没见到张靓颖之前，她身边的工作人员总是不停地给我打预防针，解释说靓颖是个很自我、很有想法的女生，希望我能做足心理准备，如果在沟通的时候她讲话太过直接的话还希望我不要介意。本来头一回见面，我在想要如何开始我们之间的话题，这已经是一件需要思量的事情，现在被她的工作人员一说，搞得我心里打鼓，心想这到底是个多可怕的人，为什么大家都要叫我做好心理准备。

不一会儿，张靓颖就带着她的助手走进来，我还没想好如何开场时，就见到她走过来和我打招呼："小 P 老师你好，我有看你的节目。"这句很自然的话，使得我们之间的气氛瞬间变得自然起来，也因为她透过《美丽俏佳人》了解了我，我们的沟通变得很顺畅。

\- - -

十年下来，我遇到很多大陆艺人都是用这句开场白打破我们第一次见面时的尴尬。前阵子我工作时碰到李沁，她是个 90 后的新演员，让我没想到的是，一见面她也用《美丽俏佳人》来开始我们之间的沟通，只是她的说法比较好玩，她一见面就跟我说，她是看着我的节目长大的。听到她这么一说，我便顺势地开起了玩笑说："我到底是有多老！"

虽然是一句玩笑话，但说的还真的是实情。真的算一下的话，现在很多二十岁出头的女生，还就是在她们的初中或高中时开始看《美丽俏佳人》的。

尚雯婕有次上我们节目时还感慨，说她以前完全不会化妆，就是看了《美丽俏佳人》之后才开始一点一点学着化妆变美的。听她这样说，我很感动，感觉自己的付出真的是很有价值的，能让大家开始懂得去发现自己的美。其实作为启蒙者来讲，这也是一件让我很骄傲很满足的事情。

的确，在这十年里，《美丽俏佳人》开启了大陆包括女艺人在内的女性对于美妆的新认知，而我在感动之余更要谢谢这个节目，让我在事业上获得了更多人的认可，它与《娱乐新闻》一样，都是我事业上重要的节点。

P.Style：当我足够爱

如果有一天我退休了，我要守在自己的小店里，操持着最擅长的手艺，认识有趣的朋友，或者与老朋友相聚怀念青春。灵魂的归属，记忆的承载，总要有一家个人风格的小店。

2003 年，我在台北跟几个造型师朋友投资开了第一家发廊 ZOOM。对于我来讲，那是一个熟悉的领域，所以做起来还挺顺利的。台湾有很多明星都喜欢去那里做头发，受这个影响，很多人也跟着明星过去设计发型，所以一直门庭若市。

那家店直到现在还开着，大小 S、侯佩岑和吴佩慈等艺人朋友们时不时地还会过去做头发，还蛮感谢她们对我的信任。

– – –

我的工作重心转移到大陆之后，经常会帮助一些艺人准备他们的演唱会相关事宜，整个演唱会前期筹备是个耗时又耗体力的工作，几乎每次我和助理都要带着好几箱给艺人准备的东西去，大家拖着这些箱子来回赶场。

即使只是些衣服、鞋子、化妆品等造型必需品，我们一人拖两个箱子，行李还是会常常超重。这些不便使我萌生了一个想法，不如干脆在北京租个房子当做我的工作室，这样一来，每回来能有个落脚的地方，二来，平日里拖来拖去的几个箱子里的化妆造型产品也可以一直放在那里，算下来价格比住酒店还要划算。

于是我就在万国城那边租下了自己在北京的第一套房子，也正是这个举动，让我终于有了在大陆的第一个家。

这个做法的确让我在大陆的工作方便了许多，但过了一段时期，新的问题又出现了。大约是在 2010 年左右，随着我接手的艺人越来越多，我开始迫切地需要一个私密的场地，以便我可以在里面帮明星洗头、剪头发、染发，处理头发的造型。

此前的这类工作总在酒店里弄的，但碎发会掉得满地都是，很不方便。出于这层需求考虑，我开始寻找一个相对便利的场所，以达到我的这个需求。后来我在建外的 SOHO 租了一个很小的房间，空间真的很小，小到只能摆下两把椅子。

但如果仅仅用于给明星定妆和做造型，还是够用的了，当然，那时候那里并不对外开放。看上去，那个小空间更像是个小小的工作室或沙龙，奇怪的是，那个小据点虽然不怎么起眼，但却一直在明星之间流传，大家都说小 P 老师在北京有家发廊，谁谁谁弄头发都去那里。

慢慢地，圈子里的人都知道有这么一个地方，而且大家还真的很好奇这么一个发廊会做出怎样的效果。

– – –

不知从什么时候起，有些唱片公司的老板或工作人员也想给自己变换一下发型，就问我他们可不可预约过去，请我给做做头发，起初一两个我并没有拒绝。后来一传十、十传百，想要去做发型的人越来越多，逐渐地，那个小房间就变成了半开放式的，可以接受一些朋友的预订。

当然，那时两个座位已经完全坐不下了，所以我就把它们搬到了更大的空间。我在尚 8 文化创意产业园区里找到了一个更大更宽敞的地方，把座位增加到十多个。后来还真的就演变成了发廊的样子，我也正式给它取了“P.Style 造型”这个名字，由半开放的状态变为完全对外营业，让普通人也可以拥有明星的发型。

从小黑屋，到 P. Style，简单的升级，何尝不是一种华丽的冒险。但可以做自己喜欢的事，如己所愿地生活，等待遇见自己喜欢的人，正是大世界里的小天地，大时代里的小温暖。

魔法课堂：世界上的另一个你

这是每个人都可以为自己代言的时代。人人都有麦克风，人人都有传声筒，键盘侠与直播侠们红红火火。

我始终愿意尝试新鲜事物的探索，所以很早就入驻了造型美妆领域，做了一系列尝试。作为我的专业表达通道，魔法课堂应运而生。我所期待的，即通过魔法课堂，发现世界上的另一个你。

如今自媒体已经是如日中天的热门行业，很多人通过这个平台将自己的所思所想展示出来，说到这儿，我想我应该算得上是“资深”的自媒体人了。在录《美丽俏佳人》和帮明星打理造型之余，我开始经营起自媒体。

2006 年左右，社交媒体还没今天这么蓬勃，我注册了一个叫“小 P 老师”的博客账号，大部分博文的内容都是我利用在路上或录影时的间隙和网友们分享录影当中的一些好玩的事情，或者把节目中介绍的彩妆、护肤诀窍以图文的形式整理出来分享给大家。和电视节目相比，博客更有针对性，互动性也增强了不少，同时还能把明星跟粉丝的距离拉近。

随着节目的播放，我的博客受到越来越多人的关注，而且常常有女生在评论区给我留言，说她的皮肤有什么样的困扰，问我该如何解决。由于工作太忙，我总是先将问题搁下，只要有空就尽量回复她们，时间长了，发现其实很多问题我在《美丽俏佳人》中已经讲解得很仔细了，如果我再在博客中频繁地说重复的话，恐怕网友们也看厌了。

— — —

除此之外，我发现很多彩妆跟护肤的问题只靠文字和照片很难解释清楚。怎样一劳永逸地解决这个问题呢？想来想去，不如拍个短视频好了。如果每个问题我都拍成一条十来分钟的视频放在网上，不仅简单易懂，还很符合现在人们碎片化的观看习惯。再寻找起来也方便，如果大家遇到类似的皮肤问题时，直接去到我的博客中搜索，就能找到很好的解决方法了。

既然想到了这样一个好主意，那么就行动起来。紧接着我便找了一个摄影师负责拍摄和后期剪辑，确定主题、写脚本、主持、导演等杂活都由我来搞定。

很快，第一期录影的一切前期工作都准备就绪，不过部分准备还并没有那么专业，比如第一次录影时我们没有影棚，几经筛选后，将场地选在了 P.Style 造型里面；拍摄时也有些生搬硬凑的地方，比如没有背景板，就拉了块绒布凑合用，在这样并不十足完备的情况下，我们居然也一连拍了四期。

之所以一天拍那么多，是因为摄影师请过来一天就要付一天的工钱，为了充分利用资源多录点存货，于是就连轴赶着拍，一次拍了四集视频节目，以便接下来四周每周都能更新一集。就这样，《魔法课堂》的雏形就诞生了。在博客时代，反应相当好。

在新趋势和新想法面前，落实，远比计划重要。很多事情不需要准备完美再去做，而是需要立刻行动，不断精益求精。遇见很多年轻人，总是等什么火了再去追逐什么，计划得天衣无缝，却迟迟不见行动。如此，永远迈不出第一步，只能在原点打转。

媲美网：因为有梦，所以远行

世界是公平的，给了每个人雄厚而不同的资本。这些资本运用得当，足以换得一世心安。在人生这场马拉松中，每向前一个阶段，都有可能遇见不同的惊喜。

从 2010 年开始拍《魔法课堂》这个网络视频节目，其实我并没有要朝着某个方向去发展它，只是单纯地想让大家能在上面找到一些帮助，不过粉丝们倒是十分关注。在粉丝们的催促下，我居然也没有间断地坚持拍到了现在，回头想想还真是不容易。

更让我感到意想不到的是，每次拍出来的视频一上线，就会收获如潮好评，甚至网友们也养成了每周二看《魔法课堂》的习惯，如果礼拜一到礼拜二我没有更新，网友就会在留言区催促我快拍新的视频。

的确，我有时忙得不可开交，实在没工夫去打理，但看到大家的反响这么热烈，我也不希望让观众的期待落空，所以即便最开始只有我和摄影师两个人负责制作《魔法课堂》，我们还是尽量保证了每月四期节目的更新频率。所以，有时候粉丝们的支持会给我带来不小的动力，这些坚持很大程度上是因为大家的热爱和对我的期待。

就这样，我坚持录了一年多，在这个过程当中，大陆的互联网、新媒体市场也发展得越来越快，水涨船高的态势越来越明显，我的博客播客点击量突破了百万大关，并且开始有了稳定的用户群，于是我觉得我已经具备了一定的能力跳出新浪博客的平台，在这个适当的时机建立一个属于自己的网站。

有了这样一个专业化、针对性强的网站，我的粉丝就能够在上面看到我的行踪，同时还能和我分享有关护肤、彩妆、发型和时装类的知识。当然，《魔法课堂》的视频、美丽问诊室的解答板块、大家问过我的问题等这些具有明显互动特色的版块也都会一一出现在平台上。

这个平台，就是媲美网。

现在，媲美网已经进入到了一个相对成熟稳定的阶段，但我回想它的出现仍然觉得它是一个无心插柳的结果。

从 P.style，到魔法课堂，再到媲美网，这就像是一连串奇妙的化学反应。彼此关联，又各自绽放出不一样的生命力。看着这些自己亲手创造的成果，满足感油然而生。

机会一直在等候着。只要不虚度光阴，只要不辜负年华，就会迎头与它遇见。

HERS（属于她的，她的）：美丽这件“小”事

美丽这件“小”事，不只表面那么简单。它是由内而外的焕发，是由表及里的革命。

一路走来，我不断拓展自己的事业，除了美妆和造型，我也希望更

加广泛地进入人们的生活。以健康、美丽为核心，去拓展新的道路。

媲美网主做资讯分享，P.Style 造型主要打理造型和搭配。一句话，从事这个行业二十多年，我工作的目的就是将人们变得美丽。

很多人会问我这样一个问题，到底美丽的定义是什么。在我看来，美丽的定义大而广阔，它不是追赶时尚潮流，而是寻求自我。

对于美丽来说，适合才是最重要的。从这一观点出发，也就引出了私人定制的概念。量身定做，选择适合自己的，这才是变美丽需要遵循的原则。因此，在 2014 年我成立了赫尔斯（Hers）皮肤管理中心，希望通过这一平台去帮助每个女生找到自己最健康的皮肤状态。

通过这样私人化的服务，客人能够更了解自己的皮肤，从而避免花一些不必要的精力和金钱，做一些无用功。创办一年之后，赫尔斯慢慢累积了很多明星和 VIP 客人。她们会定期过来对皮肤做一次深度保养，及时解决皮肤出现的问题，同时也可以找到自己皮肤的优势，并凸显出来。

每个女人都知道，想要变漂亮，除了依靠彩妆和美发这些外部造型，皮肤本身的护理也是很重要的一个部分。例如大小S，她们的皮肤状态一直以来都非常好，即便是在录节目、拍广告时，她们也都会选择一些轻薄的妆容。这在当时可是很新鲜的，因为那个时候的台湾娱乐圈女星只要是上电视就必会浓妆艳抹。我相信很多人也想拥有好的皮肤状态和好的气色，其实这些都是由内而外散发出来的，不需要厚重的粉底，只要略施粉黛就足够展现自己的美。

我将自己创办的赫尔斯称之为“皮肤管理中心”，而不是美容院。与以往的美容院相比，赫尔斯做的不仅仅是表面的保养，它更注重内在，换句话说，赫尔斯更像是一位私人皮肤医生。在这里，我们会帮每个客人建立专属的皮肤档案，用高科技仪器检测顾客的皮肤状态，例如皮肤的水分含量如何，皮肤有哪些亟待改善的问题，都会被一一录入到档案中。顾客可以每个季度过去做一次追踪检查，我们会对捕获的数据进行细致的分析，配合客人的工作时间和生活状态，帮她制订一套专属的皮肤护理方案。

– – –

当下，大家的消费观念越来越高，我很希望自己可以把这么多年来对于皮肤护理的心得分享给大家，我也同样希望自己传递给大家的是一种时尚的生活方式，包含衣食住行的方方面面。

如今的人们不用再为温饱而发愁，人们从为填饱肚子而奋斗，转变为注重对生活品质的打造，这是一个重大的转变。生活质量提高了，就有越来越多的人注重养生。

然而受到时间和空间的制约，生活节奏加快，很多的上班族和学生们都草草解决午餐。人们节省时间去做其他看似更重要的事情，其实这样节省掉的也是自己的健康。因为如此节省，所以一天下来摄取的新鲜蔬果和维生素远远不够。

虽然人们可以选择成分天然无害的保养品护理皮肤，但对于自己身体需要摄取的抗氧化食物却没有过多关注。这是一个普遍问题。针对这一问题，我和公司的同事们正在筹划新的创业项目，我们准备研发出一系列的健康食品，这样一来，大家就可以不仅吃得健康，还吃得有营养。

你可以把这款小零食放在公司，如果下午感觉到饿了，就可以拿一袋来吃。不用担心它的成分，因为这些食品是萃取坚果而制成，包含杏仁、腰果和莓果等，它们营养成分很高，携带也很方便，可以随时补充身体一天所需要的养分。哦，对了，还有一点是只要不暴饮暴食，女生吃点这样的零食也不会发胖。这样是不是很棒！

如你看到的那样，每当可以躺在过去的功劳簿上，好好休息，我都会警醒自己，一跃而起再寻找下一个目标。

美丽是一个无穷尽的课题，值得不断去研究。在这件事情上，我好像有了使命感。

畅销书作家：把心声讲给你听

脚下的路，除了直行道，还有无数的岔道口。有很多从前认为不可能的事情，只要敢于去做，几乎都成了现实。这就是成长。想象，只有匹配行动，才有价值和意义。想拥有不曾有过的体验，就得做不曾做过的事情。

以前觉得，出书是一件不容易的事情。但从出版第一本书到现在，这也变成我可以做得来的一件事情。我以职业身份去与读者对话，职业经验丰富了，视野广了，感想与想说的话，也就多了。

我的第一本书，来源于一位保洁大姐的一个问题。当时刚录完《美丽俏佳人》，我的职业被公众所认识，所以经常会有热情的粉丝过来跟我打招呼，或者很激动地询问我一些皮肤保养及美妆的问题。

那位保洁大姐拉着我诉说了自己的困扰：因为常在户外工作，风吹日晒之下，脸上总是长斑，问我有没有办法可以改善。其实这个问题我经常在节目上讲，还有关于美白、消除痘痘等类似的问题，过去我在《美丽俏佳人》、《魔法课堂》这些视频中已经翻来覆去演示了很多次，但每次还是会有人问相同的问题。

那天被保洁阿姨拽着问问题时，我的第一反应就是：这个我不是在节目上说过了吗？为什么大家都不注意看呢？

— — —

带着这个疑惑，我跟身边的朋友交流，在这当中，我渐渐意识到，大家只是将看电视当做消遣，节目的内容在嘻嘻哈哈的聊天中就带过了。看《魔法课堂》时，大家也许更多的是在路上打发时间时看一下，因为看视频不需要动脑子，主要是放松休闲用的。

我们不可能要求观众像做这个行业的人一样，在看新闻、电视或浏览网上的资讯时，把认为有用的美妆护肤知识随时记下来。所以观众记不住是再正常不过的事，而当我意识到这一点后，我便冒出了出书的想法，我想把我脑袋里的十几年的工作经验梳理出来，做成一本工具书，就像一本词典一样，装满了美妆的知识，当大家遇到困扰时，可以翻开这本书，直接从里面找到解决方法，随时随地解决问题。

2009 年，在出版社的帮助下，我完成了自己的第一本书《媲美明星》。它是一本造型宝典，浓缩了这些年我录的视频节目里的精华，包含了基础美妆、服装搭配、发型处理三大部分的造型知识，内容涵盖还算广泛，很多人都能在里面找到适合自己的部分，解决自己的问题，所以这本书一上市就卖得很好，也开启了我后来出书的旅程。

P

第 7 站

背后：

没有等出来的美丽，只有走出来的辉煌

为了相似的目标共同努力，是我们这群伙伴走到一起的原因。

我们是相同磁场、相同频率的同类，在偌大的世间相逢，对视一笑。

更令人期待的是，在未来我们还会共同走更长的道路。那些深深浅浅的脚印，都是不可磨灭的记忆。我们对待彼此，或许形式不同，但我们只会用心，不会敷衍。

那些年，摸爬滚打的一点经验

不少人会问我，成功的背后是否有什么秘诀？其实说实话，“成功”二字实在有些担当不起，准确地讲，我只是比行业中的其他人更出色地完成了我的工作。

当然，如果说这中间有什么心得体会的话，那这么多年的摸爬滚打，我也确实累积了一些经验，总结起来就是三个词：“爱 + 认真 + 天分”。

假如你还是门外汉，正处在观望这个行业是否适合自己的状态，那么我觉得这三个特征你或许可以参考一下，进而评判自己是否适合继续在这个行业里待下去。

第一是热爱。

这是 20 年来支撑着我工作的信念。造型师的工作并不是人们看到的那么光鲜亮丽，虽然常常能够跟明星打交道，但他们的光环也会给你带来很大的压力。不论是出于什么原因加入这个行业，当真正投身进来，辛苦的程度远远超乎常人的想象，如果你不够热爱这份工作，或者说不是兴趣非常浓厚的话，那么极有可能在入行没多久就被困难击退了。

在明星身边工作，会营造出一个美好的假象。拍偶像剧时，镜头里大家看到的那个站在温暖阳光下，360 度美得毫无死角的女主角是我们呈现出来的效果，而在镜头外真实的场景是，外面正下着雨，影棚里打着灯，工作人员举着好几块遮光板，是柔和的人造光烘托出艺人的好气色。

演出后台更加混乱，通宵录影是常态，很多人无法想象强制自己清醒是一件多么辛苦的事情。那简直可以说是毅力和体力的一次较量，你不得不一连灌下好几杯浓咖啡来抵挡困倦，可还是阻止不了眼睛发酸、口干舌燥的生理反应。

这些艰辛也许只有我们知道。如果不幸遇到飞机晚点，等你赶到化妆间时，可能已经是直播前半小时，还有一堆衣服和首饰没有配好，针线四处乱飞，但这一切需要你去冷静处理。这时的你需要一边手上快速地修改着衣服，一边嘴上碎碎念，对艺人造型提出意见。忙到凌晨收工时，你又得拖着行李赶去下一个工作地点。所以如果你只看到造型师浮华的表象，没有看到其背后的这些艰辛和困难，那最好趁早打消入行的念头。

第二是认真。

兴趣和热情是坚持下去的动力，但真正决定成功的是你的态度。造型师在实际工作中经常会面临一些并不轻松的时刻，这些时刻可能是压力很大、时间很赶或者是需求较多，这时就需要造型师用认真的态度去处理这些事务。

举个身边的例子。我们店里有几个同事现在已经是造型设计总监了，这个职位从专业的分工角度上来讲是对他们工作的认同和肯定，但如果回头看他们刚进店里做助手时的工作，这些年走过来，他们真的付出了超过同行很多倍的努力。

比如说，过年之前的一个月往往是发廊最忙的时候，我当时常常看到他们凌晨两点钟还在服务客人，或者还在店里做练习，整个工作过程都要非常仔细和认真。无论是在一些大型活动中还是在一些平时工作的细节上，都看得出他们是在用心。有时为了节约时间，他们甚至忙完了就直接睡在了店里，不为别的，就为了省下路上来回奔波的时间多睡两个小时，这样才能在第二天一早精神饱满地接待顾客。

他们的这些努力没有白费，这让他们在迅速成长起来的同时，业务能力也变得出众了，在这个靠技术和实力说话的行当里，他们的付出获得了回报，有不少人没几年就升为店长或总监了。

第三是天分。

我之所以把它排到最后的位置，是因为在每个行业里，天赋都是一个锦上添花的因素，不是必要条件。再有天分的人对工作缺乏热爱，或者不够努力和勤奋都是没有办法在行业内出类拔萃的。

因此，哪怕你不是生来就对服饰、化妆、发型有强烈的敏感度，但在后天通过过人的勤奋去弥补，同样能够在行业里取得骄人的成绩。

各行各业，风景不同，但是逻辑相似。

欲戴王冠，必承其重。要想得到生活的馈赠，先要让自己的才华撑得起梦想。

得合伙人者得天下

合伙人是一个独特的存在。它的含义，比朋友更丰富。踏入这个行当开始，除了让自己在技术上不断提升之外，还有一门学问的学习也是我从未间断过的，那就是如何与人交往和合作。

铁打的营盘流水的兵，不断地与各种各样的人打交道，迸撞出不同的火花。而这中间最值得一提的，就是有一位曾经被认为是不靠谱的公子哥，现如今竟成了我最默契的合作人。

回顾起来，我的事业能够这么顺利，最要感谢的就是我一直以来的好拍档——Sean。

Sean 和我的合作已经不仅仅局限在一个节目、一次活动，我们的合作已经成了我们各自事业的重要部分，而且渗透到许多的领域。我们一起创立了公司，包括 P.Style 造型、媲美网、赫尔斯皮肤管理中心等，毫不夸张地说，我所有的产业都和他绑在一起。

对于我来讲，能找到 Sean 这样的合作伙伴，真的是一件非常幸运的事，除了在事业的走向上十分默契以外，我俩在工作中的分工也很明确，而且彼此个性也能达到完美的互补。

Sean 理性果敢，又很善于跟各种人打交道，他主要负责管理公司；我比较感性，对商场上的事又一窍不通，所以主要任务就是好好上节目，对外接触媒体公关，做好造型师分内的工作。合作了这么多年，在公司内部的管理上我还蛮尊重他的，一个是我的确在这方面不怎么擅长，另外我也看到了他的能力，所以很信任他，因此，我不会过多干涉人事变动、规章制度及经营上的细节。

- - -

原本，他只是我在大陆众多朋友中的一个，我们之间并没有太多的交集，因为我和何炅、沈凌的关系很好，而 Sean 也是他们的好朋友，所以工作之余，大家就常常约出来吃饭聊天。那时候的他还是个公子哥，既没有什么工作经验，又像个小朋友一样对人没有心机，这在某种程度上让我们的关系变得更加纯粹，不为工作、利益，只是很单纯的朋友之间的交往。

认识一阵子之后，有一天他突然做出了一个改变他现状的决定，他要开餐厅。当时我们这群朋友都特别替他开心，觉得太棒了，一个从来都不想工作的人终于想做事了。

自从有了自己的事业后，Sean 就像换了个人一样，而他的努力和能力也是从这个时候才开始被人们看到的。由于之前没有任何管理经验，他只能花更多时间去学习。很多事他都是亲历亲为，当时他打算开的是家川菜馆子。

一直以来，川菜都是很受人热捧的一个菜系，所以在各地，大小川菜馆都随处可见。但要做出地道的味道来，还真不是一件容易的事。为了做出地道的川味菜，他自己飞到四川一道菜一道菜地试吃，不厌其烦地面试厨师，直到尝到他满意的味道再游说大厨，把他带回北京。

不过还没过多久，厨师长和前台的员工就开始因为一些事情闹不和，餐厅的员工分裂成两派，餐厅面临着无法正常营业的危机。事情愈演愈烈，厨师长不仅提出了辞职，还怂恿整个后厨的人跟他一起离开。

虽然说这个厨师长是这家餐厅的精髓所在，大厨一旦离开，这家川菜馆便岌岌可危了。但 Sean 知道后并没有挽留，他懂得，如果委曲求全去求厨师长留下来，餐厅营业可能一时不会受影响，但之后他作为老板就没办法服众了，因为开了这个头，厨师长肯定更加颐指气使，干扰餐厅的经营。

果然，隔天餐厅关门歇业，在很多人都认为他可能改行做其他工作的时候，他定了一张飞去成都的机票，重新挨家餐厅找新的大厨，再请回北京，餐厅恢复了营业。这种坚持，让很多人对他有了新认识，他自己也把努力的一面展示在了大家的面前，即使是我们几个好朋友也开始对他刮目相看。

\- \- \-

此后的一两年里，他把餐厅经营得非常好，每月的流水节节攀高。Sean 的经营能力开始得到体现，餐厅成了他的实验田，也成了他的舞台。那家店开在中国传媒大学对面，不夸张地说，当时传媒大学的每个学生都吃过他家的川菜，我们朋友间的聚会也常常约在那里。

有次我过去吃饭，听说 Sean 从梯子上摔下来受伤了。问起来怎么回事，他说是灯泡坏了，怕别人弄得不好，就自己爬上去换，结果一不小心就滑了下来。虽然只是日常一件换灯泡的小事，但他这种亲自上阵的态度却非常让人敬重。

我对 Sean 完全另眼相看，因为以前绝不会想到像他这样一个家境优越的公子哥竟也能变成为了工作不顾一切的人。餐厅越干越红火，到了最赚钱的高峰期时，政府要拆迁拓宽马路，他餐厅所在的那条街整排都得拆掉。于是他象征性地领了一点赔偿金，关掉了川菜馆。

刚好那个时间， P.Style 造型尚 8 店也面临被拆迁的情况，我想扩大经营规模，但苦于没有管理经验和精力，Sean 此前开餐厅的能力让我有了说服他来加入的想法，于是劝说他："你的餐厅不是刚好收掉，闲着也是闲着，你已经积累了这么丰富的管理经验，知道怎么管理员工，怎么应对客人，不如来做我的合伙人，咱们一起把 P.Style 造型做出点成绩。"

拆迁的契机，促成了我们的第一次合作，一直到现在，我们依然在合作。这中间公司也遇到过几次经济危机，但最终都一一化解了。

我俩尽管个性不同，但都抱着人生没有回头路的打算，目标还算是一致的，就是必须把公司视为终生的事业运营好。合作的时间久了，我们之间也更加默契，创业路上不觉得有什么特别难跨过去的坎坷。

在创业这条路上，得合伙人者得天下。我丝毫不认为这句话夸张。我与 Sean 共同做事，有一段共荣光、同患难的旅程，走过了一段不孤独的路。

“烧钱”小能手

如果从盈利的角度来评判，我这个合作伙伴也许不是最优秀的，因为我是个天马行空又很会“烧钱”的人，对金钱没什么概念，花起钱来有时大手大脚，这就让我的合伙人为难了。

因为在跟我做搭档的七八年里，我永远是冲在最前面的那个人，满脑子都是各种天马行空的创意，很多想法需要用砸很大的成本的方式才能去实现；相比较而言， Sean 永远是跟在我身后收拾残局的人。

的确，比起我而言，他更有商业头脑，同时又比我冷静，还会考量市场前景和核算投入的成本，这些问题在他那里一整合，我的那些天马行空的想法就会被他在后面猛拽着。通过他的努力，避免了不少不经过大脑的“扔钱”。

这些年来，我的心态一直挺乐观的，老觉得上天真是待我不薄，创业路上也没遇到什么惨事。当我欣慰地把这份感慨分享给 Sean、还希望能引起他的共鸣时，非但没有如愿，还引来了他的一番吐槽。他说，怎么会不惨，公司中间有一段时间都快要没钱付房租了，眼看着大家伙儿马上要就地解散了。

说实话，如果不是他说出来，我根本就不知道原来这些年公司还有那样的压力和困难，所以 Sean 的另外一个厉害的地方就在于他能扛住这些压力和困难，并把这些压力和困难都帮我兜住。他始终认为，我们各司其职，他觉得没有必要把这些负面的东西传递给我，徒增烦恼。所以我能一直在非常乐观、不考虑钱的自由状态中，其实离不开他们的良苦用心，如果换作另一个合伙人恐怕早就焦头烂额了。

媲美网创立一阵子后，我想过一些蛮烧钱的视频项目，不过在 Sean 的把关下通通以失败告终。但我还是没有接受教训，一有新鲜的、好玩的点子，就会萌生试一试的想法，我总觉得只要不赔得太惨就是 OK（好）的，我从来不把赚钱当做工作的唯一目标，但是一定要好玩，我才愿意尝试。从这个层面看，我完全不是个合格的商人和靠谱的生意伙伴。

— — —

整体来讲，Sean 还是尽量会配合我的想法，他不会很单纯地以一个商人的角度去直白地评判我所提出的项目，所以他从来不会因为我折腾出一个很花钱的项目却没能盈利而埋怨我，因为他和我一样，认为很多时候成功就是在下一次的尝试中出现的。

例如有一次，在我准备去参加巴黎时装周之前，忽然想到了一个天马行空的主意。我想，并不是每个人都能有机会去时装周看秀，既然我要飞去那边，为什么不把视频扩展到伸展台上、后台、秀场外等所有的环节呢？如果能将时装周完整地记录下来，然后再剪成视频分享出来，岂不是可以让更多人近距离地感受到国外时装周的氛围。

乐视视频

P.StyL∃

中国购物中心营销论坛

PREGNANT
II
PRETTY CASE

BALDWIN
BALDW

说做就做，我临时决定干脆多带一些公司的同事过去，让大家都亲身体验一下时装周的阵仗。我把消息告诉给了摄影师、编导、助理等一票人，他们也非常乐意一同前往。没想到，就在出发前一天，法国航空举行大罢工，所有法航的飞机都停飞了，但计划已经定了，我们只能硬着头皮又花了一大笔费用重新买机票，前前后后一趟拍下来花了 30 多万。

– – –

在很多人看来，这似乎是个彻头彻尾的赔本买卖。但当我们回来后，把那次时装周的拍摄放在媲美网上，传播的效果却是出乎意料的好。这说明我的想法得到了大家的认可，而这样的效果连我自己也不曾想到。也正是这次尝试以后，开始陆续有香港地区和韩国的投资商来赞助我们完成国外城市的拍摄计划。

正所谓“万事开头难”，这些年的经历让我更加明白了一个道理：只要你肯保证品质，坚持做下去，最后还是会收获应有的回报的。

我的失败学

所有的成功学之前，都有一堆失败学。我也不例外。

没有人一路都顺风顺水，也没有任何成绩是凭空而出。我也有很多失败的经历，而且至今为止，我都搞不懂自己做的很多项目，为什么就没成功呢？想起来我也感觉好不甘心，明明当初我那些砸下重金拍摄的视频不仅匠心独具，而且制作还蛮精良的，按理说应该是会很受欢迎的，但结果却是反响平平，没有受到追捧？对于这部分的内容，我决定挑其中的几个跟大家讲讲。

— — —

发现《魔法课堂》这么受欢迎，我又试图开发新的节目。我当时有一个很直观的感觉，认为喜欢接触时尚的受众，应该不满足于化妆打扮就够了吧。他们的品位和追求肯定使得他们想在穿衣、饮食、交流等生活各个层面都变得时尚起来。

于是我就按照《魔法课堂》的思路和体量感，又筹拍了几个与时尚相关的小视频节目，与之前的经验一样，每条长度都只有几分钟，方便大家在上下班的路上、地铁里、等公车时的零碎时间观看，而且不会长篇大论，每集只讲一个很小的点，就用三五分钟教会大家做一件事情。

第一个是教大家讲英语的节目，叫做《我去 English（英国）》。设计这个节目的初衷是因为那会儿美剧刚开始流行，于是我就想，这么火热的英文风暴下，大家一定会想学几句常用的英语，即便不能流利地沟通，如果能在平时的生活里或聚会上飙几句流行语也是件很酷的事。于是我就找来了身边一个外形非常奇怪的女生，她常年留着瓜皮头，穿着川久保玲的衣服，长得一看就不像会说英语的样子。

不过她私下人很幽默，我选择她就是希望能利用这种反差，吸引大家的注意，也算是这个节目的卖点之一。除此之外，在节目中，她还会声情并茂地把这句话的使用情景表演出来，虽然只是一两句简单的话，但也还是很用心了。结果视频上线后，大家好像都不太买账，这个节目就不了了之了。本来我对这个失败就一头雾水，后来出租车上有个教大家做健身操的视频，也是个造型奇怪的女生，但火了，这让我更费解了。

于是我转而向其他方向去拓展，既然大家学英语的兴趣一般，那为了变美，大家都会想拥有一个完美的身材吧。但现代人工作忙、事情多，几乎不可能常常泡在健身房里，所以我就想不如拍一个教女生们运动的小视频，在办公室里利用桌椅就可以完成一些非常简单的瘦身动作，或许正是大家急需要的小贴士呢。于是就有了《三分钟瘦身操》这个节目。

当时选模特时我们也是想了很多，往常所有瘦身操都是找又瘦又美的模特来录，如果还这样选的话不仅不能被区分开来，大家看到那么瘦的人在教你会不会感到不爽呢？所以我们就选了一个胖胖的女生当模特，旁边会有健身教练教她，并用幽默的方式来教大家一些有纤体瘦身功效的动作。不想……又失败了！

后来我回看视频的时候就反思，也许网友们在看视频的时候在想，她都胖成这样了，怎么可能跟着她做几个动作就瘦了呢，太缺乏公信力了。

– – –

第三个夭折的是教大家做饭的节目，也是我在前期策划时投入人力物力最多的视频，然而这个节目最后也出乎我意料的不受欢迎。我想，现在都市生活中的新女性很多都独自吃饭，如果能做出教这些女生们怎样在最短的时间做出一个人分量的晚餐的节目，而且还加入了低热量、美味和简单操作等方面的考虑，类似现在流行的“一人食”这样的概念，名字叫《食尚厨房》，并请到好朋友沈凌去帮忙主持。

当时的摄影棚不大，但我们布置得很用心，比如精心设计出厨房的布景，请插画师在影棚的背景墙上画上锅碗瓢盆，营造出厨房的氛围，但又不会像真的厨房那么居家随意。不过由于太忙，我们都没有时间去拉赞助，就自己花钱置办料理台、厨具、微波炉之类的做菜工具。特意挑了些操作简单、零厨艺的女生都可以完成的菜来教大家，但没想到又失败了！也许现在的单身女郎们连看视频学做菜的时间都没有，所以这个节目没有受众也就不难理解了。以上，都是我的失败案例，相对于成功学来说，有时失败学更有价值。

这些节目在当时的确花费了我不少心思，即便放在现在来看，我还是觉得它们很棒。我不知道这个世界是不是以成败论英雄，但我并不需要用这样的标准看待我自己。有价值的内容，我还是会继续把它们推荐给大家看，也希望得到更多反馈，用以改正和精进。

碎碎念的龟毛老板

龟毛，是出于对工作的严谨。碎念，是出于对同伴的关心。如此的我，简单没有心机。希望我爱着的人们，可以读懂。

对造型，我有自己严苛的眼光。所以才能让每一个造型经得起推敲，而这种严谨也不可避免地带到了我的工作中。我承认自己是龟毛苛刻的老板，因为我对待犯错始终是零容忍的。别看我私下的性格还蛮随和，但跟我工作过的人都知道，我并不是那种严于律己宽以待人的人。自始至终我都是高标准、严要求，会拿着要求自己的标准去要求公司的员工。

一个人打拼，能有今天的成绩离不开对自己的高要求。所以，我一直认为这样的标准对于个人的成长和工作的完成都是有利无害的。这几年还稍微好点，能包容同事出现的一些小差错，但以前的我是完全不允许我的工作伙伴出现任何疏忽或差错的。所以我的同事或助手跟我一起工作时，精神都是高度紧张的。

– – –

而且我不太喜欢耍小聪明偷懒的人，如果非要那样，那么我没有看到也就算了，如果被我看到的话，事情也许就没那么容易过去了。因为我不原谅犯某些明明可以避免的错误。在过去的二十年里我都是以这样的状态在面对客户、面对工作，在这个过程中，别人只给了我一次机会，如果没有完成好，以后就再也没合作机会。

有些人也许觉得这样要求太过于严苛，但这的确是最真的现实。所以我对下面的员工要求也是一样，犯了错，虽然有公司帮你顶着，但绝对不可以因此存有侥幸心理，更要好好工作，否则公司整体都会蒙受损失。这样严格的要求虽然在一开始时会让人觉得不通人情世故，但时间久了益处便能体现出来。

以前在台湾跟着我工作的几个助手，现在都已经非常成熟，他们当时在我这边做员工时就是在这样的要求下成长起来的，后来他们在技术上渐渐成熟了，能力也越来越强，可以独当一面，直接帮大小S等明星打理造型。到现在我们还一直保持联系，逢年过节他们都会传简讯给我，说特别感谢当时一起工作时我对他们严厉的要求，我严谨的做事态度和对工作的热情影响他们非常多。

我从不啰啰唆唆讲很多大道理，而是相信身教胜于言教，如果我自己都做不好，如何去要求他们呢？所以在带助手的时候，我不会每天跟他们讲什么事该怎样做，因为以前也没人教过我应该如何做造型师，我甚至也不知道该怎样教给他们，所以我只是用认真的态度去完成每一项工作，而且这样的过程他们也是参与其中的，事情最终呈现出来的结果也是他们能看到的，在旁边看着时间久了，自然地也就学会了。

- - -

工作时，我是超严厉的老板；生活中，我也常常对着同事们碎碎念。

P.Style 造型新店开张的庆祝会上，公司全体员工一百多人参与其中，大家喝酒聊天，兴致特别高。喝到差不多 12 点钟时，大家都还没有要散场的意思，这时我就不再坐视不理了。考虑到第二天并不是过节放假，还得正常上班，我便很扫兴地禁止发型师们再继续喝下去，而且还强调说，每一个开车来的人都要立刻打电话叫代驾送他们回家。

有些人觉得找代驾太麻烦，就糊弄我说会把车放在餐厅，自己去附近的朋友家睡觉，隔天直接去上班。但这么久的相处，我已经非常了解他们的心思了，他们中有些人绝对会在酒会结束后冒着酒驾的风险自己把车开回家。

于是我又开始了碎碎念：“人生的意外就是在你存有侥幸心态时发生的，你们也许会觉得偶尔一两次酒驾很刺激，不会被警察抓到，但当你抱着这种侥幸心理上路后，即便没被警察逮到，万一开车撞了路人你怎么办，被刑事拘留了，之后的工作又找谁帮你负责呢？”

我也不知道我哪有那么多的话，而且这么多话句句都说在点子上，他们也都好乖，安静地听着我碎碎念，被我这个操心的人这么一念，他们的酒也差不多醒过来了，都乖乖去叫代驾了。这也是我从十几年前一直坚持到现在的工作习惯，只要隔天有工作，除非今天我录影折腾到很晚，不然晚上一定不会在外面应酬玩乐。也许是心中有一种责任感吧，那种心情就很像小学生周日晚上的心情一样。

知道第二天有工作，哪怕只是一个很简单的录影，我都会无形中有一种压力，逼着自己一定要早点回家休息，保证隔天的工作状态。所以这些年出现在现场的我都是精力十足、神采奕奕的。

为了相似的目标共同努力，是我们这群伙伴走到一起的原因。我们是相同磁场，相同频率的同类，对待彼此，或许形式不同，但只会用心，不会敷衍。

我对优秀发型师的定义

上天赋予每个人不同使命，每个人都有一个专属舞台，我们要用尽一生力气，尽情展现。总有那么一个领域，是你最舒心惬意的王国。而在这个领域里做事，绝对不可短视，不可计较。

一个企业要想做得好，一个品牌要想叫得响，尤其是在造型行业里，如何将服务质量提升上去才是真正的硬道理。做美发行业在起步阶段最辛苦，每一家店都是自己培养发型师。别看现在 P. Style 在业内小有名气，顾客络绎不绝，但其实 P.Style 造型的第一家店刚营业时，有的发型师一开始一个客人都没有。

我们不是慈善机构，会去均匀地分配客户，照顾到每一个发型师的情绪。很多发型师只能凭着自己的用心服务和专业技术改变现状，并且用优质的服务去获得越来越多的忠实客户，业绩也随之越来越出色。

在这个基础上，公司会开始考虑他是否值得栽培，如果认为可以，就把这样资深的发型师变成 P.Style 造型的股东，让员工觉得在这个平台继续努力下去会有很好的职业发展前景，店里生意的好坏也开始跟他有了密切联系。

— — —

P.Style 每周都会开分享会，由资深发型师来主持。他们会主动把自己从没有客源，怎么在微博上做宣传，到渐渐有了稳定的客户群，以及服务顾客时要注意哪些之类的经验分享给更年轻的造型师，帮助大家一起成长。

这是一种氛围的形成，也是一种精神的传递，很多年轻的造型师觉得这样的分享会让他们受益匪浅。而且我相信这些收获不仅仅是工作上的，对生活以及未来人生的发展都会有很大的帮助。

记得大陆点评网刚刚兴起时，P.Style 造型也刚成立不久，知名度一般。为了扩大我们店的人气和名气，我们就跟网站合作了一个团购活动，希望能借此吸引更多顾客。团购的效应果然来得很快，凭着团购而来的客流量一下子猛增了不少。大量的客流就意味着大量的工作，但这种情况并不意味着有大量的收入与之相匹配，团购收益中能分给造型师的其实非常有限。所以大家的心态和想法就各有不同了。

那时候店里只有五个发型师，其中就会有一两个发型师觉得，为什么我忙前忙后给客人染发烫发，到头来却只能赚到那么一点钱。也许他们当时觉得自己太过廉价，对于这样并不平等的付出感到排斥，所以只要有团购的客人上门，他们就假装自己正在忙着别的事情，没办法分身服务顾客，在这种情况下，那些客人就会排给别的发型师。

而另外的三个发型师都非常认真，无论是团购还是正常消费的顾客，全部一视同仁。他们从不挑剔客户是否是冲着团购而来，也不计较做这样一个造型是不是收入太少，而是用心地跟每一个顾客沟通，讨论合适的发型发色。

当这些团购的顾客消费完后，便记下为其服务的发型师的名字，再回到团购网站上评价打分，顺便推荐店里哪个发型师的手艺比较好。久而久之，口碑就这么树立起来，那些团购的消费客人很多都变成了这些造型师的长期客户。原本没什么客人的发型师，靠着那段团购时期的努力，反而累积了稳定的顾客群。

所以，优质的服务是这个行业的王道，不论什么渠道来的客户，只要你用心去对待他们，这些客户总会在未来的某一天回馈给你。

那几个贪图一时小利、不愿意接待团购客人的发型师，公司通过团购引来的潜在客人都被他们拒之门外，最后客户越做越少。很简单，当你对客户挑挑拣拣的时候，客人自然也不会买你的账。

短视的发型师只会考虑眼前利益，而有远见、能够成功的发型师，都是那些珍惜每一次服务顾客机会的人。

第 8 站

破风：

不争，
也有你的世界

P

或许我们都无法追赶时间，但我们可以跑过昨天的自己。

在任何一个行业里打拼，都要付出汗水，倾注时间。那么不妨在疲惫的时候再坚持一下，在想放弃的时候再鼓励自己一下。

所谓匠心，不过如此往复，直到终老。

最了解女人的是男人

造物者将人类分为男人和女人，饱含哲学意味。两者存在差异，又相互吸引。这是一个很有趣的话题，但仅从造型的角度来说，我认为最了解女人的，是男人。

不知道是不是我的错觉，现在做化妆师、造型师的反倒是女生越来越少，男生越来越多。在比较传统的观念里，“女红妆”一词貌似说这个职业天生就是为女生而设立的，但只要稍微留心，你可能就发现，在美妆、发型行业里做到最顶尖的往往都是男生。

按理说，不是女生更了解自己么？不是女生做起来更加得心应手么？

而时至今日，越来越多的男生走进这个职业，其实背后还是有原因的。当然在这个行业中也有很多顶尖的化妆师、造型师是女生，但按比例来看能坚持做到最后，并且做得很成功的确实以男生居多。

—　　　　—　　　　—

和男生比起来，女生一生中会有太多角色，而且都是重要的角色，需要她分出一部分的心思去更好地完成这些角色赋予的责任，所以很难不干扰到她投入到工作中的精力。刚入行时她可能对化妆有很大的兴趣，但随着年龄慢慢增大，她还要成为妻子、母亲，承担起家里更多的责任，要花掉更多时间去照顾家人的生活。

而男生成为丈夫和父亲之后，家庭责任反而会促进其努力工作，年纪越大越重视自己的事业，为了养家糊口就得全力以赴。所以男性化妆师会把这份工作视为一生的事业去拼去努力，于是往往能够长久地坚持下去。

作为一个男性造型师，我对于人们的外貌会格外地敏感，直觉也更敏锐一些。如果说仅凭外貌来看人的话，我第一眼会看人们的哪个部位呢？具体来讲，男生和女生还是有所不同的。

男生的话，我第一眼会观察他的指甲。根据我这些年总结的经验，通常男生只要能保证指甲缝隙的干净，指甲修剪整齐，不留长指甲，其他方面都不会做得太差。女生留指甲有时是一种装饰的需要，但男生的指甲不像女生，没有办法通过涂指甲油或者在手上佩戴一些饰品来转移人们的注意力，所以干净整齐的指甲就成了美观的一个标准，而我们透过指甲也更容易看到一个男生的本质。

如果是女生的话，我会特别留意观察女生的脚踝。这个部位最能看出女生的保养够不够细致到位。

— — —

任何行业的顶级高手都是要用时间和精力去叩开成功的大门的，需要付出心血才能在行业中脱颖而出，并走向更高的境界。男生可以比女生更加心无旁骛地追求下去，于是慢慢地就做到行业里顶尖的位置。

或许我们都无法追赶时间，但我们可以跑过昨天的自己。在任何一个行业里打拼，都要付出汗水，倾注时间。那么不妨在疲惫的时候再坚持一下，在想放弃的时候再鼓励自己一下。

所谓匠心，不过如此往复，直到终老。

大陆时尚产业风向

不曾站在商业视野的前沿，所以不曾预测风口，一路以来，都是摸索与幸运。但随着经验的累积，越来越发现，无论是男生还是女生，要想在行业中有所收获有所建树，还是得有赖于整个行业的蓬勃发展。行业兴旺起来，每个人都是受益者。

如果以入行时间和资历来论资排辈，我在这个圈子已经很久了，算得上是元老级人物了。在大陆工作的十年来，我在自己的成长中见证了大陆时尚产业从缺乏规范到日渐成熟的各个阶段。

很多人问我，现在的行业竞争比之前激烈很多，而且如今这个行业也不像以前那么神秘，问我会不会有危机感。每每面对这样的问题，我都想说，其实这样的想法我从未有过。我不会认为越来越多的造型从业者的出现会影响我什么，因为我始终认为行业如果能蓬勃向前，那么身在其中的每个人都会真正受益，从这个角度来看，激烈的竞争是行业发展的一种表现，我反而很感谢这种现象的出现，让我看到了这个行业乐观的发展前景。

2000 年，我刚来大陆工作，当时大家对遵守时间这样原则性的问题都还没什么概念。这种现象给我的印象很深，在之前的工作中几乎很少碰到这种情况。例如约好早上 8 点钟开始化妆，按照我的工作习惯，我会提前把路上塞车的时间都算进去，这样计划的结果通常是在 7 点 45 分时我就能出现在影棚做准备。

— — —

但我刚开始在大陆工作的情况是，我在约定好的工作地点等到 8 点钟还不见有人来，又过了半个小时，还是不见人影。于是我开始担心是不是自己不熟悉地址，走错了影棚，不然的话不可能一个人都没有。再核对了一次地址，发现自己没错后，我就想再等一下看看，居然是过了一个小时之后工作人员才姗姗来迟，出现在影棚。

这种迟到的现象在我看来是种极其不专业的表现，以我的工作习惯，我是十分排斥这种现象的。但这在最初的工作中却屡屡发生，让我记忆深刻。但在今天，行业发展起来，各方面完善之后，几乎很少存在这种情况了。

— — —

此外，最开始时，这个行业与相关行业的互动和联系还远没有今天这么顺畅，很多负责人很孤立地看待自己与媒体合作这件事，这也是需要去拓展和磨合的地方。

2006 年，我刚开始参与录制《美丽俏佳人》，由于节目的需要，我要去找一些品牌商，问他们借衣服去上节目，以便我在相关主题的节目中将这些衣服作为范例来介绍。但借衣服这一件并不困难的事情却让我时常碰壁。

当时品牌的负责人也许是很少碰到借衣服上节目的情况，所以会片面地认为把自家服装借出去后，那今天店里就不能卖这件衣服了。但其实是他们的想法还停留在早前的状态，没有意识到可以借助媒体的宣传，让明星穿上自家的衣服，说白了，这其实是一个获得免费推广的好机会。

但节目还要继续做下去，我只好每次借衣服前，带着节目的样片给品牌负责人看，告诉他们这件衣服借出去后在节目中会如何安排，然后我会通过怎样专业的造型搭配，让衣服更好地展示出来。并且告诉他们，参与这样的节目会被电视机前更多的人看到，这对我们双方都是有利的。我这样细致明白的说法，让他们开始慢慢地接受了我的主张，节目才得以往下推进。

— — —

经济在发展，行业也在发展，很多新的营销理念开始被大家接受，所以最近这两年，以上的情况都不再出现了。

现在大陆的时尚产业已经发展得非常成熟，很多大城市不仅建设得时尚现代，而且生活在城市里的人们也在有意无意中将自己的生活打理得很有品位，这就为我所在的行业飞速发展和壮大提供了基础。

加上大陆民众的消费能力飞速上涨，致使国际上的奢侈品牌都把大陆视为他们在亚洲最重要的一块市场，其经营的好坏直接关系到他们在世界市场的扩展和企业的整体收益。也正因为如此，大陆的明星屡屡成为国际大牌在亚洲区域的代言人，很多由大陆明星代言的广告又投放到亚洲其他地区，反过来让大陆的影响力加倍提升。

了解了这些，再放眼全球，大陆时尚产业的前景的确非常好。好的时势，可以造就更多英雄。这是英雄们值得庆幸的事情。而在成为英雄的道路上，和风细雨固然宜人，却也需要时时刻刻地准备迎接市场发展时狂风大作。

将兵器握在手里。亮与不亮，都是顺势而为。

孤军奋战，不如资源整合

人的价值，与平台的价值，需要完美结合。幸福的本源，是参差多态。有人适合单枪匹马披荆斩棘，也有人适合找到正确的同伴一同奋战，获得一块封地。

孤军奋战，还是资源整合，是个值得思考的重大选择。

市场在渐渐健全，竞争呈良性的态势。我觉得这是件好事，因为它能形成一种优胜劣汰的情形，把那些并不怎么健康、不怎么被看好的企业整合起来，让资源更有效地被利用起来，而好的企业和平台则吸引了更多优质的人力、物力和财力，为进一步发展、更上一层楼提供了有利的条件。

以我的公司为例，目前为止， P.Style 造型在北京的三家店加起来大概有一百多名员工，其中有大概五十人是发型师、造型师，这些人中又有差不多三分之一的人在进入 P.Style 造型前，曾自己开过发廊，他们由于各种各样的原因关掉了自己的店铺，加盟到 P.Style 造型。相信这样的情况在现在很多企业中都是十分常见的。

道理很简单，如果他们单干的收益十分可观的话，他们是不会放弃自己原来的平台而选择加入 P.Style 造型的。而他们自己事后也分析过这其中深层次的原因。

— — —

他们的分析结果大致如此：单打独斗时，房租、宣传、人事等各个方面都会牵扯精力，时间都被琐碎的事情分散。确实，生活上的许多看似很小的事情如果处理不好的话，反过来会影响你工作的状态和效率。

所以在经历了生活的种种压力后，他们大多数人都深切地感觉到付出与回报并不能很好地平衡，所以果断地决定不如加入 P.Style 造型这样一个好的平台。大家各有分工，发型师能够一心一意地把自己的业务做到最好，更加专注地沿着技术的路子走下去，剩下行政和管理的工作就交给专业人负责。而这就是团队合作的优势。

创业，不是所有人都适合的道路。强强联手，反而能够创造叠加效应。找到合适的人，构造一个独特又互补的综合体，焕发出的能量，或许是原先的千万倍。

我不是会管钱的精明人

一个人的金钱观，决定他能走多远。

斤斤计较的短视者，会被金钱所束缚。目光长远的全局者，才能运筹帷幄，跳出当下的局限。而获得了金钱之后，有人善于精细规划，至于我，真的不是一个会管钱的精明人。

我从小就不是个计较金钱的精明人，很多时候我都觉得开心才是最重要的，至于钱嘛，赚了就花，反正还会再赚回来的。所以总体来说，我是一个很会花钱的人。虽然我 19 岁就开始工作，但真正存到人生中的第一笔钱差不多已经是十年之后的事了。能养成这样豁达的金钱观，其实和我从小的生活环境是离不开的。

一方面是小时候家里的生活条件还可以，还算是小康水平，基本上不曾困窘得让人无法承受，至少父母从未在我和弟弟面前流露出家里缺钱的意思，所以对于我而言，不觉得金钱是生命中特别重要的一样东西，反而觉得它更像是一个工具。

另一方面是我刚入行时，受到了台湾综艺教父王伟忠的一句话的影响。他说：“大股不言商。”

这句话的大意是，有些事情在做之前，不要先考虑它的回报是什么，能不能帮我赚到钱，这样的想法不仅不利于工作的开展，反而会成为一种束缚，把原本用在工作上的精力给分散了。

所以，做事之前还是尽管放手去做就好，换言之，用一颗洒脱的心去面对一切，反而效果会更好。这句话到现在还常在我耳边响起，它成为我一直以来的行事准则。

— — —

的确，人不应该太贪心，很多时候要的越多反而得到的越少，只要有能力和机会去做一件事，那就去做，别太计较得失。若那时候我太抠门地算计成本，极有可能就没接下某个工作，那么根本不会有现在的成果，也就没有了后来随之而来的成绩。

我加入陶子的《娱乐新闻》就是最有说服力的例子。不仅所有经费全部搭进去，有时自己还掏钱去补充。假如我那时计较节目组每集拨给我的 500 元经费太少，拒绝那份工作，那么可以想见，我就失去了形成自己造型风格的机会，能力也不会那么快被业内认可。

要学着把自己的目光放得长远些，有时候换个角度想一下，机会与金钱经常有不能同时获得的时候，选择前者，一定是聪明的做法。

很多人都认为我在台湾接了那么多案子，账户上肯定有很多的钱，然而我并没有记账的习惯，还有好几次的酬劳都被卷跑，现在想来，还真的是因为我不大去打理的缘故。

在造型师中，如果说有一些人是没有什么理财观念的，那么我应该算是比较典型的了。作为一个并没有太强金钱观的造型师，没工作的时候不挣钱也许并不能表现得很明显，可工作多了之后我却时常接一些赔钱的案子，这样的情况别说周围的人有些费解，有时连我自己都觉得不可思议。后来我将这样的事情理了理，才知道问题大致是怎样的。

在台湾自己接工作的时候，没有经纪公司和经纪人帮我打理，我的习惯是每次工作时只带着一个助理，和助理两个一起扛起一个公司的业务。

当时就是以这样一种完全个体户的状态在和各个娱乐唱片公司对接工作中的琐事。由于接的案子太多了，所以我把很多时间都花在与造型相关的事情上，常常是这个公司的业务的刚完成还没来得及休息就匆匆忙忙地赶到别的地方去忙下一个案子。而关于酬劳的事儿，经常是合作前谈妥了我就不再关心，而且还完全不担心，总觉得公司都是诚信经营的，钱陆续都会打到卡里，无需前前后后跟着追。

公司请款不像个人付款那么方便，通常跟我对接的人在结账时，都需要先跟公司请款，可能一个案子做完两个月后我才会收到支票，而拿到支票后又要一个月才能兑现，过程极其漫长。对于收入，我的心里一直都盘算着，重要的是接到更多的工作，赚钱应该是顺理成章的事情。

\- \- \-

如此，我一直糊里糊涂，没怎么养成记账的习惯。直到半年一年过去了，偶尔整理财务的时候才发现，原来好多笔款并没有打给我，等我再回去找负责人，发现电话打不通，人也找不到了。时间过去久了，有时公司换了经手人员或是负责人，这笔账就变得更难追了；再追问下去，干脆就传来了这个公司倒闭了的消息。钱，肯定是要不回来了。

这样的经历让我感触蛮深的，我意识到，原来自己在账务方面如此不擅长。因此在我后来自己做公司时，最紧要的要找一个有条理的人帮我打理财务。

我不是金钱的崇拜者，也不是金钱的敌人。

它在我生活中的角色，的确不可或缺，但是不足以影响我的任何重大决定。一穷二白的时候是这样，现在也是这样。

自由，永远是相对的

很多年轻人崇尚自由，也一直追求自由。可当问他所追求的到底是怎样的生活时，他恐怕也未必回答得上来。人们在追求所谓的自由的路上，对“自由”的定义，一直没有定论。

自由，可以是时间上的，人们通常也是这样认为的。比如我，四十岁之前我看似是自由的，因为不用像个上班族一样按时按点地上班下班。我的工作时间有着很大的弹性，所以看上去是相当自由的。

但是这样的自由并不是无条件的，因为越是自由，我就越是要为自己的事业负责。这就需要我放弃自己所有的娱乐和消遣的时间去保证我经济上的自由。换句话说，我是为了保证经济上的自由，主动放弃了自己在时间上的自由。

而到了四十岁之后呢，经过前面的打拼，我的经济能力已经很稳定了，看上去，这时候的我既拥有了时间上的自由也拥有经济上的自由。但请不要忽略，这个时候的我已不再是一个人单枪匹马的工作了，我有了自己的团队，我不能因为自己的喜好就不顾这支加起来有 200 多人的队伍，毕竟他们都在围绕着我工作，所以这个时候的我背负的责任非常大。

— — —

说到经济自由，其实我并没有太强烈的物质欲望和需求，我不需要我的银行账户上有着几位数的存款，也不需要有几辆豪华跑车，或是十几套房产。对我而言，只要我有钱去买我需要的东西就足够了。

说到底，人们追求的所谓自由，不过是相对的自由，没有绝对意义上的自由。可能当你时间自由的时候，你的手头会窘迫，当你经济自由的时候，你会抽不出时间做自己想做的事情。

自由，永远都是相对的。我觉得当下就是自己人生中最理想的状态，在金钱和时间上都获得了一定程度的自由。

一切都刚刚好。

慢热的人最情长

静姐说，我是一个很“闷骚”的人。我想这个词本身就是一个矛盾体，而我也是一个矛盾的存在。

我很害怕自己会成为焦点，对于大家将注意力都聚集在自己身上这件事，我总是感到很恐慌。可是，我的工作让我几乎天天都在镁光灯前。

所有的云淡风轻，都有灵魂背后的咬紧牙关。

我的性格与猫相似。喜欢照顾自己，独立处理烦恼，
保持清醒，不喜欢黏腻。

美丽是一个无穷尽的课题，
值得不断去研究和开采。
在这件事情上，我好像感受到了使命感。

我不懂得表演，也不懂得塑造形象。但是无论何时，以最敬业的态度出现，是我这个小人物可以坚守的原则。

每一年的年底，都是我最不愿意度过的时间，因为会有各种酒会或是颁奖典礼，我会收到他们的邀请函。对于我来说，我并不太喜欢出席那样的场合。虽然有些人在全是陌生人的社交场合能如鱼得水，但我偏偏不是那类人。

一个晚会或是酒会不过就几个钟头，但对于我来说简直就是煎熬。每一次出席这样的场合，我都会在心里默默祈祷大家最好不要看到我，谁也不要过来找我聊天。就在这样的祈祷中，我度过每一个难挨的晚会。祈祷的时候，我还会习惯性地掐自己左手的虎口位置。每一次回到家里，我都会发现自己的左手虎口位置被掐破了，而我当时竟然感觉不到任何疼痛。

从小到大我都是如此，不太会和人聊天，尤其是和不熟悉的人。因为我既不会找话题和别人聊天，又时常因为脸盲跟人家硬着头皮聊了半个小时，还想不起来他到底叫什么。我想，和我聊天的人也会感到尴尬吧！

— — —

我也想过既然与人聊天这么痛苦，不如我就索性躲到一边，不去和别人交流。可是这样我又会担心自己会不会被人吐槽耍脾气之类的。

这样的场合避免不了，可我又真的觉得不自在。不过这么多年下来，我找到了一个两全其美的解决办法，那就是每一次需要出席这样的场合，我都会拽上至少一个同事陪我参加，这样在觉得尴尬的时候，我就可以去找我的同伴聊天，如此在表面上看起来，我还是有融入社交氛围的。

可能你会觉得在这样一个光鲜的行业中，不擅长社交很吃亏，会显得也很另类，像一个格格不入的怪胎。但我却觉得这未尝不是一件好事，因为不擅长与人交流的我会将更多的时间留给工作。

虽然不善言辞，但是我却有很多的朋友，我交朋友是属于慢热型的，所以这些朋友都是随着时间慢慢积累沉淀下来的，我总觉得这样交的朋友更诚信更可靠。

多年来，我都不太习惯一些太过热情、主动来接近我的人，遇到这样的人，我的自我保护系统就会本能地在大脑中发出警报，从而抵触他们。

热闹的人易散场，慢热的人最情长。不论什么样的相处，说到底，还是对的人遇到对的人。

P

第 9 站

心灵：

所有的天气都是好天气

这么多年的走南闯北，许多城市都留下了我的足迹。对于每个城市来讲，我都是它们的过客，而对于我来说，它们各自带着不同的性情和气质，扎根在我记忆的深处。

不一样的城市，承载了我不一样的感触。

全世界的搬运工

偶尔抽离庸常的生活，行走全世界，感受诗与远方的田野。心灵休憩的同时，也打开了视野，升级了认知。因为职务之便，我去了世界上的很多地方，我像个搬运工一样，带回各种细碎的记忆，在我的认知里组建一个新的世界。

造型师生涯让我感受到很多快乐，除了造型本身就是有趣的工作以外，另外一个原因是这份工作能带我去世界各个角落旅行，这也促使我越来越热爱这个职业。

我最初帮歌手做造型时，由于工作的需要，几乎每个月都要飞去日本几次帮艺人买打歌服，特别是代官山、青山几个购物区。有一次礼拜天去得太早，店铺都还没有开门，我索性就绕去代代木公园散步，逛一圈。本来无心的一个举动却促成了我有生以来的第一次创业。

— — —

代代木公园里除了游览观光的人之外，还有不少日本女孩子在摆地摊，她们在公园里卖的是一些五颜六色的衣服，于是我好奇地凑进去看了看。这些衣服的剪裁很独特，不像是普通二手服装市场里出现的旧衣服，有些衣服还有很明显的制作痕迹。

于是我过去跟她们打听，之后才知道，这些女孩子是日本女子服装学院的学生，地摊上售卖的是她们在学校参加展览的作品，展览一结束，这些衣服也没什么用了。我仔细观察那些衣服的设计和它们整体呈现出来的造型效果，发现每件衣服都做得很前卫夸张，但由于技法的问题，还有一些制作上的小瑕疵，自然没有精致到高级定制成衣的程度，服装店不愿意收也是正常的。确实无处可销售，只好拿到公园里去，用很便宜的价格卖掉，收回些制作的成本。

以我平日设计造型的眼光来看，我觉得那些衣服都是很好看的，只是因为是学生创作的作品，灵感五花八门，所以偏实验性多些，实穿性一般。但是，换个角度来看，全世界却仅此一件，对于不喜欢走寻常路线的我来说，这些衣服的设计和我在做造型时天马行空的想法很贴近。再加上她们的售价那么便宜，我就把衣服统统买下来带回了台湾。

虽然有些衣服在我做造型时还真的用上了，但大多数还是堆积在了家里，后来我发现衣服真的是积得越来越多，家里已经放不下了，于是我就想了一个一举两得的办法。我直接在台北租了一个店铺，开了一家服装店，专门用来卖我在世界各地旅行时淘回来的小东西，没想到生意还不错，好多人对这些充满异域风情的小东西很感兴趣，所以也就不愁销路了。

买卖形成了一个良性的循环，服装店盈利之后，我攒下了一点钱，这些钱又成为我的旅行基金，我怀着猎奇心态到世界各地玩耍，这其间又看到了许多好看的衣服，好玩的饰品及其他小玩意儿，我又把它们带了回来。

— — —

服装店是个无底洞，如果没有采购新货源的话很难运营下去，因此开了这家服装店后，我就保持着每月去一次日本进货的节奏，这样的经营让我对自己的创业开始慢慢地有了信心，也慢慢摸出一些经营的规律。

但总有些衣服是卖不掉的，在获得利润的同时我还必须承担商品积压的风险。这是我在经营时必须面对的一个实际问题。

因此，为了降低成本，我便决定多带些衣服回来，这样的决定竟在无意间把我自己训练成了非常会收纳旅行箱的人。为了最大限度地把飞机的限重用尽，我每次都能把托运的行李箱刚刚装到飞机的限重，实在装不下的货物就背在自己身上，其中最重的一次就是在身上背了 50 公斤的东西，等回到家脱下衣服的时候才发现，我的背上都是双肩包的带子勒出的淤青。

后来，我看到时尚界著名的红发“女魔头”Patricia（帕特里夏）说，正是做买手店的几年，才让她真正学会如何做一个造型师，我深有同感。作为服装与人的联结者，能够把两者的元素契合到一起，包括需求、文化、品位、背景、局限，才是一名合格的“搬运工”。

无心中开出的花

开一家专门经营各地特色的服装店是偶然的，但它在无意中却成了现在流行的买手店的雏形，不少人在我们店里就能看到各地的特色物品，无需山高水远地去寻找。而多次在世界各地搜罗物品的经历，使得我把自己培养成了资深代购，这些都是无意中开出的花，给我一种很奇妙的感觉。

当初借着到各地进货的机会，我把东京、曼谷这两个城市都摸得很熟。而且这些地方的衣服都有自己独特的风格，比如，多年前我第一次跟明星去曼谷拍写真的时候，我发觉原来曼谷设计师做的衣服这么好看，无论是材质上的艳丽花纹，还是那些很精致的饰品，我都是非常喜欢的。

曼谷有很多独立设计师的品牌，这些品牌衣服在售价上并没有很贵，一般都在 500 到 1000 块人民币之间，比起其他奢侈品牌，这样的价格还真的不算贵。值得一提的是，它们虽然价格不贵，但品质都是很棒的。所以除了购置日本代代木公园里的女学生的作品之外，曼谷那些性价比很高的衣服也是我钟爱的。

经营之初，从日本进服装是店里主要的货源，但是好景不长，开店一年后代代木公园里卖衣服的女学生忽然都不见了，原本优质的货源也跟着断了。不过身为资深购物狂，就算稳定的货源断掉了，服装店的生意也绝对不会中断，我赶紧为自己寻找下一个优质的货源。

— — —

这时候，由于工作的关系，我常常陪艺人去香港。在空闲里，走街串巷的时候，我无意间在女人街的夜市中发现几个卖 20 世纪 50 年代古着服装的摊子，这让我一下子喜出望外。首先，价格已经令我非常吃惊了；其次，衣服真的是相当地精致。

暂且不说现在，就算是当时，几块钱的价格也并不算高，但我在那里看到的衣服简直便宜得让人难以置信，一件很别致的单衣，老板只要 5 块钱港币，小尖领、印花洋装……每件都很有特色也很有味道，特别像当时王家卫执导的《重庆森林》里王菲穿的衣服的风格。

我很好奇地问老板，为什么卖这个价，老板回答说，之所以会卖得这么便宜，一是因为这些衣服是仓库积压的尾货，前期可能利润已经收足了，当下是为了清理库存；二是为了腾出空间放新品，就用极低的价格把衣服卖给他们这些摊贩们，因此价格低廉也就在情理之中了。

现在回想起我当时发现新货源时，简直就像一个抢购限时优惠的购物狂一样，二话不说，就把摊子上的衣服都买了回去，老板当时的开心应该不亚于我，估计心里早就乐开了花。

我买回来的这些衣服，有的给艺人做造型时用，如果用不上的话就摆在店里，有不少人还是很喜欢的，所以客人并不少。

因为这个原因，我这家服装店的风格被迫从日本原宿风转变为浓郁的香港古着风。说起我这些淘宝贝的经历，周围很多的朋友都不相信，现在想来，单价五块钱的价格能淘到这些漂亮的衣服的确是件神奇的事情。

— — —

更有意思的是，那段时间跟我合作的女艺人，比如柯蓝、范晓萱，都要我带她们去女人街淘货，搞得我好像一个卖场导购一样，每次陪着她们逛好久。如此下来，使得我一个完完全全不会讲粤语的台湾人，竟为了杀价做生意硬着头皮去说粤语。

这家服装店，我坚持经营了几年，后来我接的活实在太多，每天东奔西跑，无暇顾及，自己也的确太辛苦，所以就转手卖给了别人。那段时间虽然没赚到多少钱，但这间店在我生活中的地位却不低，它甚至成了我年轻时出去看世界的小金库。

我之所以能不断地去各地旅行，很大程度上有赖于这家服装店的贡献。而更重要的是，那些年，在四处游览中，我积累了许多灵感和新鲜的想法，它们被收纳进了我的信息库里，又回馈到工作中，对于我的事业贡献很大。

我的足迹与心迹

这么多年的走南闯北，许多城市都留下了我的足迹，对于每个城市来讲，我都是它们的过客，而对于我来说，它们各自带着不同的性情和气质，扎根在我记忆的深处。

不一样的城市，承载了我不一样的感触。

北京，三里屯的“脏街”

在北京住了一段时间以后，有外地朋友来北京时，就会叫我做向导，带他们去逛逛。但我经常带他们去的不是八达岭、故宫这些名胜古迹，而是一条我觉得很有特色而且我经常爱去逛逛的一条街，就是三里屯北小街，大家亲切地称它为“脏街”。

这条小街的前面是热闹繁华、极具现代气息的三里屯，而这条“脏街”完全是另一个世界，我总能在这里找回十年前刚接触北京时的印象，大家自由自在地唱着摇滚乐，男生们潇洒粗犷，女生们直爽率真，大家沉浸在音乐中、欢笑里，对物质生活完全不在乎。

不过这样的情形现在已经不多见了，现在北京大部分地方和别的城市都很同质化了，是每个现代化的国际都市都有的样子，我想这也许是城市化的一个不怎么令人愉快的表现，我反而觉得没意思了。

东京，购物者的圣地

在很多地方旅行时，我都会带回来一些东西，所以在很多地方我都有购物的经历。如果要选出一个购物胜地的话，我会首推东京。

由于先前在台北开服装店的关系，所以我每月都要去东京疯狂采购一回，对那里的商店分布很熟悉。

除此之外，还有一些东京本身特有的原因，一是因为比起欧美地区，日本的衣服更适合亚洲人的身材；二是因为东京的着装风格比较多样，基本上每个人都可以在那里挑到适合自己的东西。

尤其是代官山附近一带，不但可以让我发现很多充满设计感的服饰，还有机会碰上不少明星。因为台湾的造型师经常会去那边帮明星买打歌服，或许在某个不起眼的小店里就会撞见正在逛街的港台明星。

台北，我的故乡

说到台北，作为一个土生土长的台北人，还真的蛮有资格向大家介绍各个景点的。不过，如果只推荐一个可以逛街的地方，那一定是忠孝东路。很多人知道那里有很多时髦别致的服饰，却不知道那里也是一个可以漫无目的闲逛的好去处。

时间仿佛在那里定格一样，一切都那么安逸祥和，随便走进一家咖啡厅打发时间，很可能周杰伦、蔡依林等明星就坐在你隔壁桌。

与汇集了世界顶级奢侈品牌店的 101 和信义路一带不同的是，忠孝东路多是适合年轻人的潮牌店，很多有创业冲劲的年轻人都选择把自己的店铺开在那里，在很多店里都能看到他们用心的装修和设计，非常有趣。

伦敦，随处可见英伦风

在伦敦，你完全可以不用像在别的地方一样，刻意去繁华的闹市区寻找时尚，因为路边的每一个人都打扮入时，英伦风随处可见，绅士风度和淑女气质就好像是嵌在他们的生活里一样，他们的穿着很明显地带有自己的时尚观点和品位。

巴黎，艺术与生活的结合体

相比而言，巴黎给我的印象倒不是时髦，而是它浪漫的氛围。很奇怪，虽然去过很多次巴黎，但我却很明显地感到它是个每去一次都能带给我不一样的惊喜的城市。如果我自己去逛的话，几乎没什么行程安排，特别随性。

我会 6 点多起床，去酒店楼下买杯咖啡，然后信步走到附近的某个公园，即使静静地坐在地上看看路人和风景，也觉得放松惬意，和平日里忙碌不堪的状态简直有天壤之别。巴黎的美不是刻意的，不是美得像童话王国一样一尘不染，而是既有脏乱破旧的一面，又有古典浪漫的一面。

生活在巴黎的人们把艺术和生活很完美地融合在一起，让人感觉好像在某一个时刻就会有一个浪漫的童话故事发生一样，非常美妙。

布拉格，美得不真切

布拉格，它也很美，不过我有个感觉，老觉得它美得不真切，我恍惚中甚至以为这一切漂亮的景色都是电影里虚拟的造景。相比之下，巴黎的美是可以亲近的，它的包容性很强，每个人身处其中都能被它浪漫美好的氛围感染。

喜欢巴黎，无论是晨钟、落日，还是飞翔的鸽子、遥远的歌声，都是那么令人陶醉。我甚至打算将来有机会的话，每年能花两三个月的时间到巴黎住。

旅行时什么最重要

要说旅行时我最看重什么，我可以毫不犹豫地告诉你：酒店。旅行时我对酒店的品质要求是非常高的，甚至到了特别挑剔的程度。因为在我看来，衣食住行四个要素中，住宿是排在第一位的大事。

很不可思议的是，我常常会为了住某家酒店而去策划一场旅行。下面我将自己大为赞赏的几个酒店推荐给大家，如果旅行中能有机会住入其中，相信会给你留下一个难忘的印象。

– – –

第一个是苏梅岛的六善酒店。整个酒店并不大，大约只有二十几个房间，不过它的位置很好，坐落于苏梅岛北端的一角，环境静谧，视野也非常棒。除了环境让人很喜欢外，酒店的服务也是很值得推荐的。

这里的服务非常贴心而且注重私密性。在酒店里我是永远都看不到服务员的，但只要我离开房间，再回来的时候，房间里已经被整理好了，无一例外。只能说他们随时关注着你的需求，并且随时准备为你服务，可能你还没张口，他们就已经为你准备好了。

— — —

第二个推荐的是米兰的阿玛尼酒店(Armani Hotel Milano)。我们通常评价一个酒店都会以它的星级来衡量，不过我评判一个酒店够不够高级的标准，更喜欢用一些细节去评定，比如去卫生间里看看它配备的洗漱用品如何，这个标准多少与我的职业有些关系。

酒店提供的护肤品小样我会去关注，在旅行中也很爱收集这些酒店里放的小样，虽然并非定制的护肤品，但有些包装确实做得特别精致，我会收藏起来。比如，有次我去米兰，在阿玛尼酒店订了两晚的房间。卫生间中配备的所有沐浴产品都是阿玛尼自家在售的产品，起码这一点就显得很有诚意了，不是随便糊弄顾客。

我印象很深的是他们连香皂都做得很别致，鹅卵石状的外形，看上去别致可爱，也不会感觉生硬，当手握上去的时候，发现石头的弧线刚好适合人的手掌。原来这个造型并不是随意的，还真的有花心思去考虑。

离开酒店时，我就把这块肥皂带回家收藏了。

— — —

第三个是杭州的法云安缦酒店。入住这个酒店的机缘是一次活动，前一晚我们赶到酒店时，天已经黑了，入住时也没看清酒店外面的情况。

第二天上午活动开始得很早，天还没有完全放晴，刚蒙蒙亮还有晨雾的时候，我正站在台上兴致勃勃地与观众分享着护肤品和高科技美容技术。忽然，余光瞥见几个僧人从窗边走过去，一瞬间，我感觉自己就像“穿越”了似的，那种感觉好神奇，再加上那个古朴的窗框，一切像极了一幅意境悠远的水墨画，古朴典雅的画面感极强。

之所以有僧侣，是因为酒店就建在杭州古老的法云村中，这里被之前保留下来的 7 座寺庙和 1 个佛学堂包围着，所以僧侣出现在窗外也就可以理解了。

那次经历实在是令我印象深刻，于是我又特意挑了一个假期过去住，酒店的理念强调的是没有外界电子设备的干扰，就连每个酒店都会提供的电视机，也是除非特别要求，否则不会提供的。吃方面也不是大鱼大肉，彰显富庶，散落在酒店中的那三五家餐馆，只供应素食，味道出乎意料的好。而对我这样一个走遍都市繁华、习惯炫酷舞台的现代人来说，住在里面还真的像是闯入了一片世外桃源中。

礼物是没有说出口的肉麻话

不善言辞，不懂热络。所以心里存了好多说不出口的肉麻话。礼物，不失为表达的另一种语言。很多男士对于送礼物这件事都感觉到很苦恼，那些琳琅满目的商品让他们眼花缭乱，不知道到底选择哪一个才能讨人欢心，真的好烦。

其实，不谦虚地讲，我可是一个很会挑礼物的人。对于送礼物，我也有一个长期积累下来的心得，那就是礼物嘛，不需要多么的贵重多么的稀有，最重要的还是能够让收到礼物的人感受到我的用心。所以想要做到这一点，就需要清楚地知道对方的喜好和需求，才能投其所好，对症下药。

2013 年，大 S 和汪小菲在海南三亚举行婚礼。每一个新娘都希望自己在那一天是最美的，自己的婚礼也是最完美的。所以我送给大 S

的礼物就比较特殊了，但绝对能够让她感受到我的真心祝福。

婚礼那天，我从北京带了 10 个发型师赶到三亚，所有到场参加婚礼的嘉宾都可以提前来到我这里做造型，将自己打扮漂亮之后出席婚礼。这份礼物不能说是多么贵重，但是我希望作为多年的老友，在大 S 一生中最重要的场合，我能够在现场为她分担，就像是从前我陪她一起在娱乐圈摸爬滚打一样，从辛苦到幸福，我希望我都能够参与到，与她分享她所有的不易与喜悦。

\- - -

送礼物，最重要的是符合对方的心意。我还记得，第一次被品牌邀请去看秀，当时可以享有一个福利，五折在巴黎买东西。我就给大小 S 每人买了一个包包。回去后给小 S 发微信要地址，因为我要从北京寄过去。

她就问：你给我买了什么？我是很不爱名牌包包的，你不会给我买了名牌包包吧？小 S 就是这样直接的人。而她私底下真的不爱名牌包，用一个普通包也要用到破掉，有时包还被女儿们的原子笔画得乱七八糟。经过那一次我就知道，买礼物要好好用心思。

我们家的人都有点古板，在我生活的环境里，家人相互之间绝对不会说出“我爱你”之类的肉麻话，我们好像更倾向于把对彼此的爱放在心里。所以离开家后，如果别人对我说特别肉麻的话，我反而会觉得无所适从。

大小 S 知道我受不了这一套，常常拿我开玩笑。比如我们收工之后，小 S 就会故意用很嗲的声音闹我说：“小 P，今天谢谢你喔！”我立刻回给她一个作呕的表情。除了讨厌肉麻和过度的情感表达，我还很排斥办生日 party（社交聚会），我总觉得大家全部带着礼物为了我的生日而来是一件特别尴尬的事情。所以我的好朋友都知道我没有过生日的习惯。

每年生日，大小 S 通常都是私下送我礼物。有一年年底，我和小 S 结束工作待在化妆间，她忽然掏出一个盒子说：“拿去，给你的礼物。”我当时有些意外，也有些感动。因为她们知道我的习惯，并尊重我的习惯，在私下里送了礼物给我。

打开一看，礼盒里躺着一枚钻石耳钉。那是我人生中的第一颗钻石，也是我最珍贵的礼物。并不是它有多贵重，小 S 没有特别说这是圣诞礼物或生日礼物，它就像是工作多年的伙伴或老友在年底对我工作的一个肯定。

— — —

真的很感谢她们。大家各自都有忙碌的事业，也许平常没有几个联络感情的电话，但真正的朋友就是会在对方最需要帮助的时候跳出来支持。

比如我的店当时开业，她们不等我开口就主动提出要过去站台帮忙。当她们走红毯需要做造型的时候，只要我有空闲，一定义不容辞地赶过去帮她们打理造型，而且一定会用最诚恳的态度和我所有的心思把她们打造成当天红毯上最闪耀的女星。也许是这种牢不可破、惺惺相惜的友谊才让我在年底收到小 S 的礼物时，感到非常的暖心和感动。

礼物的价值不在于它的价格，而是送出者的心意。时间慢慢过去，最终留在心里的，是彼此的挂念与关怀。

P

第 10 站

安放：

我们都值得
更好的人生

如果你现在是一个朝九晚五的普通白领，每个月领着固定的薪水，偶尔还要加班，你可以上班时兢兢业业，下班时充分享受生活，有爱你的家人，有稳定的工作，有亲密的朋友，这也是一种很好的生活状态，也是很多人期盼的生活方式。

如果你有雄心壮志，想要自己奋斗出一片天地，那么工作上的成就感会让你感到快乐。

当我感到疲惫的时候

转动的陀螺，也会感到疲惫与茫然。每个人都曾有过那种感受，在人生的某个阶段，忽然感觉空虚，于是再三向自己追问人生的意义所在。给自己一个满意的回答，才能打响下一段路程的发令枪。

很多人都问过我，20 年来从事同样一份工作，会不会感到厌倦。我的回答是：会。虽然我很喜欢我所从事的工作，但是也会有感到厌倦和疲惫的时候。

我对于工作的厌倦期大概出现在我录制《美丽俏佳人》的第三年。

经过前两年的节目录制，我的抵触心理也越来越强烈。因为三年里所讲的内容几乎都差不多，春天会讲抗过敏，夏天会讲美白防晒，冬天会讲如何补水。

唯一不同的一点是，所涉及的美容产品因为更新换代，名字会有所不同。所以当这些同样的话连续讲了三年之后，我开始担心观众会觉得我唠叨。

当抵触情绪出现之后，我开始进入到了厌倦期。《美丽俏佳人》的静姐在主持的时候发现了我的困扰，在私下里跟我谈心，说："其实观众的想法跟你是完全不同的，他们看电视全当是娱乐消遣，看过就忘了。观众不会像你审片子时这么准确地记起去年的哪一期节目中也讲过这个主题。所以你完全不需要在节目中羞于表达，同样的事情，你再提醒观众一遍，加深他们的印象。以前的观众流失掉，同时会有新的观众进来。所以不要担心自己说的内容重复。"

当时的我没能立即领悟她的话。不过好在随着时间的推移，我渐渐走出那道自我质疑的关卡，我也开始慢慢明白，其实工作不怕重复，因为重复也是工作的一部分。录制《美丽俏佳人》这档节目，只是我工作中的一小部分，虽然每次讲解的内容都差不多，但是每一期的嘉宾都不一样，自然产生的化学反应也就不一样。

— — —

就像是我和小 S。我们合作的时间足足达十二年之久，在这十二年里，她几乎每一个造型都是我帮她做的。虽然我与小 S 已经很熟悉了，但是我们在工作中还是可以擦出很多不一样的火花。回味这十二年，小 S 虽然需要出席各种活动，或许从某一个点看来，它们都是活动。但其实，它们是有不同的，不同的活动内容和主题传递的讯息不一样，小 S 需要展现的妆发、服装等也就需要有所不同。

世界上无论哪一种工作都是在重复和创新中交替进行的。没有重复，哪有经验的积累呢？ 改变体现在每一个细小环节，我也在不断地改变、创新。 我开始从幕后转到台前，从电视台录节目到自己出钱拍视频，从单枪匹马的一个人到成为拥有一大批员工的老板。我的工作形式在改变，身份也在改变。如今，我需要学习的是如何将 P.Style 造型推向全国，如何管理加盟店面，如何组织培训。

就是这样，每一个工作都会往前推进，真正完全重复的工作少之又少，工作虽然没变，但是每一个阶段却都有着不一样的使命和目的，这就是创新。所以自从那一次厌倦期之后，我就再也没有在工作中遇到瓶颈，那是唯一的一次。

对于工作狂来说，最害怕的不是短暂的厌倦感，而是停止工作。从这个意义上讲，我可以在相对快的时间内调整状态，跨过这段时期。

同样的事周而复始，难免有静不下心的时候。泡一盏茶，听一首歌，试着涤净心灵。继续前行的勇气，不会轻易丢失。

珍惜每一个可以工作的日子

如果给自己的前半生打分数，会打几分？百分制的话，我想是90分，这算是一个高分，毕竟我对于自己的人生很满意，现在的我，很满足。

是的，“满足”不过是我自己的主观感觉，但其实回首过往，在工作上还是会有一些让人不满意的地方，可这些却又是不可避免的，我很清楚。

如今，工作经验加上人生阅历让我不再是那个初出茅庐、什么都不懂的小男孩，如果让现在的我去处理那些棘手或是恼人的事情，我想我一定会比当时处理得更加妥当，也更加完美。

虽然如此，我却从未因为推掉哪个工作，或错失某次机会而感到后悔不已。人生的抉择就是如此，选择了就努力去做，无论好坏都要接受和面对，没有什么所谓更好的选择，因为哪一种选择都有好的一面，也都有不好的一面。就像是我选择来大陆发展一样，如果我继续留在台湾，或许也会得到意想不到的收获。

走哪一条路，都有不同的风景。

如果你现在是一个朝九晚五的普通白领，每个月领着固定的薪水，偶尔还要加班，你可以上班时兢兢业业，下班时充分享受生活，有爱你的家人，有稳定的工作，有亲密的朋友，这也是一种很好的生活状态，也是很多人期盼的生活方式。如果你有雄心壮志，想要自己奋斗出一片天地，那么工作上的成就感会让你感到快乐。显然，我是属于后面那一类的。

从小时候到建筑事务所实习我就知道，自己不适合坐在办公室里，面对电脑和一些让人眼花的报表。我很庆幸自己能够一直从事自己喜欢的职业，所以也心甘情愿地让工作占据了我的青春，我是享受这样的感觉的。
工作早已经成为我生命当中的一部分，融入了我的骨子里。我珍惜生命，也珍惜着每一个可以工作的日子，这样的日子组成了我的人生，它让我的生命充实，让我有许多的收获，而这收获远比我想象中的要多。

无论你过着哪一种生活，无论你所从事的是哪一个行业，只要还没有被生活压得喘不过气来，那么一定要学会享受当下的一切。选择一个能够让你开心的状态去面对生活，别留下遗憾，也别让自己后悔。

像猫一样优雅独处

我的性格与猫相似。喜欢照顾自己，独立处理烦恼，保持清醒，不喜欢黏腻。

几年以前，我在路上遇到一只小猫。它一看就是流浪猫，毛都是脏脏的，梳都梳不开，身形也十分瘦弱，看着就让人心生爱怜。于是，我将小猫抱回家收养。

给它洗干净，每天给它充足的食物和水，也准备了猫砂，还有一些小玩具。就这样，这只小流浪猫陪伴了我大概两三年的时间。可是那段时间我的工作实在是太忙了，每个月我都会去外地出差，回家的次数少得可怜，几乎没有时间陪伴它。后来，我将这只小猫送给了我的朋友，他一直在养。

2015 年年初，我养了第二只小猫，是一只长毛公猫。这只小猫是我去宠物店的时候看到的，我当时看到它的第一眼就十分喜欢，它十分温顺，也很黏人。我在准备将它买回家的时候犹豫了，我担心自己没有时间陪它。可是去宠物店里看了几次之后，我还是将小猫买回了家，给它取名叫做大咪。

经过一段时间的相处，我发现大咪虽然是一只猫，但它的性格更像狗。一般来说，猫会比较高冷，可是大咪却要比一般的猫黏人。每一次只要我回到家里，无论我在家做什么，大咪就一直趴在我的旁边，不闹也不吵，特别乖地陪着我。我给大咪买了好多可爱的衣服和玩具，它总是非常配合地接受一切造型，还摆出一副呆萌无辜的表情让我拍照。

其实，动物也是有感情的。猫咪与狗不同，它不会像狗一样与人类那么亲近，形影不离。每一只猫咪都有一个属于它们自己的世界，包括大咪也是如此。如果你丢给它一个毛线球，它能把玩一整天，不会理你。虽然看上去高冷孤傲，但其实它们的内心非常敏感和善良。

或许和大咪这么投缘，是因为我这个人本身也是这种个性。我喜欢一个人生活，一个人旅行，十分享受一个人的独处时光。所以，如果你问我，用一种动物来形容自己，会选哪一个，我想我一定会选择猫。

慈善也是一种自我救赎

慈善不是金钱，而是心。一个温暖的微笑，一句真诚的祝福，都无限美好。

有一天，《美丽俏佳人》节目组的工作人员听说了一件事情，在北京附近一处郊区的山野里，有一个老婆婆成立了一个动物之家，收留的都是一些因为各种原因被遗弃或是走丢后找不到主人的小猫小狗。这个动物之家一直都是老婆婆一个人在打理，她投入了时间和精力，也投入了金钱去照顾那些可怜的小动物。

只是随着收留的小猫小狗越来越多，老婆婆开始有些力不从心了，毕竟单凭她老人家一个人的能力不足以养活这么多动物。

很快，我和静姐知道了这件事情，我们对老婆婆的做法很感动，也真的心疼那些可爱的小动物。我们希望能够借助媒体的力量帮老婆婆一把，让这个动物之家可以继续存在下去，给更多无家可归的小动物一个温暖的窝。

抽出时间，我和静姐以主持人的身份去参观了这个北京郊区的动物之家，之前也只是听说，当我真正亲眼看到老婆婆和动物们的生活环境时，我被深深地震撼了，因为那里的条件实在是太艰苦了，也让人难以想象，这么艰苦的条件，老婆婆是如何支撑到现在的，这其中的不易是我们外人无法想象的。

心灵被深深地震撼，我们一行人开始倡导大家用捐款、捐赠动物粮食或者充当志愿者的方式，延续这份爱心。

– – –

身处时尚行业里，接触的永远都是最光鲜亮丽的事物，各种华丽的服饰、包包，各种闪光的珠宝首饰，数不尽的奢侈品成为这个世界里的主角。

它们虽然能够让人们的外表变得耀眼无比，可那也仅仅是外表而已。生活在这样的纸醉金迷的世界里，人的双眼和内心也会被蒙蔽，变得模糊，忽略掉真实的世界里还有许多人为温饱问题而苦恼，他们的生活是如此不易。

在我的团队里，很多工作人员也都是穷苦人家出来的孩子，因为家里的条件有限，他们大多很小的时候就辍学了，为了替家里减轻一些负担，也为了以后能够有一份工作可以养活自己，他们都选择了学习一门手艺。凭借着这门手艺，他们现在可以保证自己的生活，他们在为自己的未来努力着。

苦尽甘来的日子总是让人感到欣慰，我是真的希望他们能够依靠自己的努力过得越来越好，无论是在生活上，还是在工作上。但我更希望的是他们不要因为眼前的幸福而忘记曾经艰苦的日子。懂得享受的人才会觉得满足，但是做人不能忘本，学会赚钱之后还要学会去回馈，人才不会在成功之后过度膨胀。

自从了解到了北京动物之家的事情之后，我便开始发动公司的同事们一起加入到公益慈善的行列中，公司会定期组织大家去北京周边的孤儿院和养老院做一些力所能及的事情。

只是我把这件事情想得太美好太简单了，真的付诸行动之后我才发现，做慈善并没有想象中那么简单容易。

我们联系第一家孤儿院时，对方一听说是企业的公益活动，立刻就变得很敏感。他们的顾虑并不是没有道理的，孤儿院中不只收养着被抛弃的小朋友，还有一些孩子的身体上存在缺陷，这种缺陷或是身体上的，或是心理上的，但无论是哪一种，他们都很怕受到外界的干扰。

作为孤儿院的负责人，他们更担心外界一些举动会给孩子带来无形的伤害，所以与其承受第二次伤害，倒不如不接受外界的好意，因为接受我们的活动邀请，是一种冒险，代价太大了。

就这样，我们被拒绝了，可是我们并没放弃。通过多次耐心的沟通交流，孤儿院的工作人员渐渐卸下心理防备，接受了我们善意的举动。得到对方的认可后，我们一行人带着过冬的棉服、棉被以及零食和其他生活必备品去了孤儿院。

不仅如此，我们的发型师还给孩子们剪了精神的发型，陪他们做游戏。看着他们的脸上洋溢着笑容，我真心感到高兴，我也希望我和我的团队能够借由这些举动，让这些缺少父母关爱的孩子们感受到温暖，让他们感受到来自外界的关心。

做每一件事都不容易，即使是做慈善也有困难，但是我始终都想尽自己最大的努力，在能力范围之内尽量回馈社会。

活着，当然要追问意义

活着，当然要追问意义。虽然无论怎样活，明日的太阳都会照常升起。但如果只做有趣和快乐的事，人生的篇章，总会显得单薄。

从一个人独自闯荡，到成为团队的领导人，再到成为老板，我的身份在不断地转变，地位和能力的提高也让我的成就感日益增多。在我的职业生涯里，有成就感的时刻很多，但是在做《美丽俏佳人》时发生的一件事却让我的印象尤为深刻。

那时候，我们做了一个小单元的真人秀，邀请的嘉宾都是从事不同职业的人，节目组要求这些嘉宾说出最困扰自己的外形问题，然后让我们以圆梦人的身份去帮助他们解决这些苦恼。简单地说，就是我们要将他们变得美丽，有点类似灰姑娘变身的桥段。

节目真正播出的时间虽然只有短短的 5 到 10 分钟，但是在节目录制上，我们往往会花上好几天的时间。节目中，我开着一台车，找到想要圆梦的嘉宾，通过专业改造，让她拥有理想中的造型。和现在的一些节目不同，当时邀请的这些嘉宾既不是演员也不是模特，他们是真正的素人，在节目中，他们完完全全是最真实的状态。

我尽自己所能解决他们的问题，实现他们的梦想。每一次，当嘉宾改造完之后站在镜子前的那一刻，当他们第一眼看到不一样的自己的时候，我能够看到他们眼中闪烁的泪光，那种激动和兴奋无以言表，我会和他们一起感到开心，甚至有些时候我还会自己在旁边感动得稀里哗啦的。

感动些什么呢？因为我不仅用自己的双手将明星变得美丽，而且我的一点小建议，一次不经意的分享，也会给普通人增添美好的回忆。

我记得有一集《美丽俏佳人》，我们同往期一样走着节目的流程，但意外的是， 我们变身的女主角在完成造型改变之后，她的男朋友当场就跟她求婚了，这实在是太让人意外了，就连我们节目组的工作人员事前都不知情，完全是他当时下的决定。

那个女主角感动地把自己的妆都哭花了，高兴之余还怪男朋友，求婚这么私人的事情怎么能在录节目的时候做。在我看来，这种责怪也显得很甜蜜。

记忆留存下来，即是永生。

每当回顾那些看似孤立却温暖的人生片段，我总是心里涌起热流，反反复复，时时刻刻，在心头反刍。

他者的目光也可以是天堂

害怕别人的目光，只想在小天地里做简单的自己。这是我长久以来对自己性格的定位。事情确实如此，但人生那么长，为自己设限的话，还是不要说得太早。

我一直是一个害怕被别人目光关注的人，那样的感觉让我全身都不自在。这种性格与我的工作好像很矛盾，所以我的身边也有很多人问过我：你每一年开那么多宣讲会和新书发布会，需要面对台下那么多的人，你要怎么办?

很奇怪，就连我自己也不知道为什么，虽然我比较讨厌被人注视，但是当我站在演讲台上说出自己内心的想法的时候，我真的一点也不害怕，不论台下坐着的是一个人还是一千人，我都不担心也不会抵触。

– – –

或许是，在演讲中，我在做自己，与大家分享我工作的内容，这是我最熟悉的，也许是因为这种熟悉，我也就变得自信和坦然起来。但是不抵触不代表就不紧张，这么多年来，我早已经是身经百战，办过几百场分享会和讲座。然而还是有那么一次，也是唯一的一次，我紧张得不行。

2015 年年初，我参加了央视的《8 分钟盒子》，这是一个演说类的节目，节目组会提前找来各个行业的意见领袖，让他们每个人在 8 分钟的时间内分享一个自己的人生故事。 没错，我就是那些意见领袖之一。

节目组定制的规则是，观众在听完意见领袖的故事之后，要立刻对演讲进行投票，如果分数太低，演讲人讲完一个故事就要下台；如果分数够高，那么台上的人还有机会继续再讲 8 分钟。

节目录制的那一天，我紧张地站在台上，舞台的两侧坐着观众，背对着我的是一个大屏幕。我一面讲，一面注意着现场观众的反应，眼睛还会偶尔瞄到大屏幕上的数字变化，我开始担心万一自己的分数太低怎么办。数字忽高忽低，我的心也就跟着忽上忽下，像是坐过山车一样，太刺激了，刺激得让我很容易分心，

那次节目，我跟观众们分享的是我多年来在化妆间观察明星的心得

体会。很多人都会有这样的想法，他们认为明星之所以会成为明星，是因为他们有着光鲜靓丽的外表，这些外在的美是与生俱来的，也就注定了明星与普通民众有天差地别。但是这么多年来，我接触过许多明星，台湾的也好，大陆的也好，香港的也好，我发现现实并非如此。明星其实和普通人没什么两样，唯一不同的是他们的心态。

— — —

无论是明星还是普通人，他们每个人的身上都有优点，也都有缺点。而通常，对于自己身上，或是外貌上或是性格上的缺点，普通人想的是如何将自己的这种缺点掩盖起来。而明星想的是，如何把自己的缺点转为特点，然后再把特点放大，从而充分展现自身独特的魅力。这就是明星思维逻辑的转变和与普通人心态的不同。

举个例子，人人都视舒淇为女神，但就外貌而言，舒淇并算不上女神级别。舒淇的脸上有许多的小雀斑，嘴唇也比较厚。她很清楚地知道自己的缺点，但是她却并没有用厚重的粉底将自己的缺点遮盖，反而选择轻薄的妆容，这是一种自信的表现，将这些缺点转为特点，并成了舒淇最有魅力的地方。

如果换做是一般人，那么逻辑会是这样的：我的眼睛太小了，所以我要贴很厚的双眼皮贴，借助化妆手段把眼睛放大；我的皮肤很黑，所以要用白皙的粉底将自己的肤色改变。

其实我们每个人都没有必要去遮盖自己的缺陷，或者担心自己某个地方和别人不一样。无论你是明星，还是普通人，你最应该做的是挖掘出自己身上的与众不同之处来展现自己的魅力。

第一个 8 分钟过去了，我紧张地看着大屏幕上的数字，结果还是很让人欣慰的，那天的观众都特别捧场，给我打的分数也很高。我本来只准备了一个 8 分钟的故事，没想到我却获得了分享两个故事的机会。

以为自己不擅长做某件事，却意外地顺利完成。这种感觉很奇妙，就像打通了你认为不可能通过的关卡。

站在光亮处，说自己的故事，感受温暖的注视。那一刻，他者的目光，也可以是天堂。

P

第 11 站

感恩：

什么样的生活，
才是真正的富足

曾经做过一些人的粉丝，觉得在众生之中，可以对一个人默默喜欢和关注，很美好。

当有了自己的粉丝，心中除了感恩，说不出其他。

能获得他人的关注，何德何能，我愿意虔诚以对。

我生命中的贵人

演艺圈里，很多人都相信风水学。

坦诚说，我最开始入行的时候也信。家里的床头应该朝向什么位置，财柜里要放些什么东西，搬家应该选在什么时间，这些我都要问问风水师，不敢自己随便决定。

人在面对命运的无常时，时而会迷失在这样的寄托里。其实所有的结果，都是源于选择和努力。当然，如果有人为你的选择给过巨大的帮助，他们即是你生命中的贵人。

台湾综艺教父王伟忠

要成为一位成功的电视节目制作人，需要很多条件，承受别人承受不了的压力和辛苦。作为台湾综艺教父，王伟忠先生是我发自内心钦佩的人。

他是一个充满了创意的人，总是有各种新奇的想法，并能逐步将它们落地，变为项目或者作品。台湾的很多综艺节目都是他制作的，比如《我猜》、《康熙来了》，等等。在整个中国电视发展史上，他都是不能缺少的。

大小 S 和唱片公司解约后，签在了伟忠哥的公司——金星娱乐名下。那段时间，因为我一直在为大小 S 做造型，伟忠哥就签下了我的经纪约，我不属于金星娱乐的成员，但参与了金星娱乐旗下很多节目。伟忠哥觉得这样工作起来会更方便，他也可以用他的人脉介绍我认识更多人，帮我接更多工作。

所以那阵子是同一个经纪人在带我和大小 S，伟忠哥就是我的老板。伟忠哥为我带来了大量的工作机会，也使得我彻底在这个行业里扎根下来。除此之外，他也是我的精神导师，一句“大股不言商”，让我受用至今。

侠义姐妹大小 S

能够拥有现在的一切，我要感谢那个拼命工作的自己，也要感谢在工作中给予我很多信任和帮助的朋友们，比如大小 S。

在台湾，我和大小 S 合作有十多年了，当初同甘共苦的日子奠定了我们坚实的友谊。每当我有新店开业，或是新书发布会，或是其他任何需要帮助的时候，她们俩都是最讲义气的好伙伴，可以好到不用我开口，她们俩就会主动提出来帮我站台宣传。

人气 VJ（音乐频道主持人）柯蓝

说起我跟柯蓝拎着啤酒，在操场上看摇滚演出的事，还真的是让人记忆犹新。

最开始，柯蓝是在台湾做 Chanel V 的主持人，后来回了大陆。不过只要有节目录制的时候，柯蓝还是会找我做造型。也是通过柯蓝，我在后来的日子里认识了何炅、李维嘉、瞿颖和那英等艺人，和他们成为朋友，他们也经常带我去大陆各个地方玩。

我们去看北京最地道的摇滚演出，用塑料袋装着扎啤，嘻嘻哈哈去到了某个学校。我当时真的是奇怪，他们明明告诉我是去看最地道的摇滚，怎么就稀里糊涂的去到了一所学校？结果他们回答我说："对啊，北京最接地气儿的摇滚乐队都是在学校操场上演出的！"我当时真的震惊了，因为这种场面我以前只在电影里看到过，我那个时候就觉得，北京真的是一个让人惊奇的城市。

现在，我将工作重心放在了北京，留在了这座城市，也得到了很多工作机会，这些都与柯蓝的引荐分不开。

好朋友 Kitty

我和朋友 Kitty 经常就工作上的一些事情交流看法，在一起聊天时，她常常给我很多鼓励和关键性的建议。

比如当初博客刚在大陆出现时，她就建议我去注册一个账号，然后把我的造型、美妆的心得分享在上面，这个我所擅长的领域在大陆还是有很多人感兴趣的，她的这些建议无意间为我的事业打开了许多新的窗户，包括录《美丽俏佳人》的机会也是她通过朋友介绍给我的。

她说："你就去试试看，大陆正好缺美妆老师这样的角色。"常常是她一句话的鼓励，让我有动力去尝试一个新的领域。

美丽俏佳人李静

来到大陆后，我认识了东方风行传媒和乐蜂网的创始人李静，也加入了她的节目《美丽俏佳人》。最初做这档节目的时候，我经常对自己选定的主题没有信心，而静姐永远是那个在后面给我加油打气的人。

因为这档节目，更多大陆的观众认识我、喜欢我。我和静姐也成了好朋友。 每一次参加典礼或是酒会的时候，静姐都会主动将我介绍给她身边的朋友认识，也会给我介绍一些企业家或是投资人，如果有好的合作机会，静姐也总是想着帮我牵线。

我和静姐的友谊早已经超过了普通朋友，我们不仅仅是商业合作伙伴，更是家人，很多时候她就像是我的姐姐，对我好到我甚至都会怀疑她是不是诈骗集团派来的女骗子。即便是现在，静姐依旧对我照顾有加，给我鼓励，完全不求回报。每次见到静姐，看到她的笑容，我都会感到亲人般的温暖，很窝心。

超级合伙人 SEAN

一路打拼，一路奋斗，经过二十年的风风雨雨，现在的我无论是事业还是生活都进入到了一个相对稳定的阶段。事业稳定，生活安适，40 岁的我能够拥有这样的生活，我最应该感谢的就是我的好拍档 Sean。

多年来，我们已经有着十足的默契，但我依然经常任性地坚持自己天马行空的想法，这样的我就会时不时地激怒他。合作这么久，我知道如果不是他的理解与包容，以及他出色的管理能力，公司不会有今天的成就。他很伟大，因为他总是能在商业成果和我的理想主义之间寻找到一个平衡点。

在家里，我的家人是我的后盾，而在工作中，Sean 和公司的同事们就是我的后盾。无论何时何地，只要有他们给我支持和鼓励，我就会有强大的能量，去拥抱接下来更棒的人生。

十年过去了，我想我和 Sean 应该也会以这种默契的节奏继续合作下去，迎接第二个十年，第三个十年，如果可以的话，我真的愿意与我的伙伴们一起去实现更多更美好的梦想。

有些高级美，需要时间来沉淀

每一个人都有独一无二的价值，如果善于发现这一点，那么对于公司管理也好，发展规划也好，都将是益处多多的事情。

在我签下的所有造型师、美妆师中，川一老师是最特别的。说起与他的相识，同样离不开《美丽俏佳人》，其实这个节目后来对我的意义已经远远超过了出名这件事情。它让我对很多事情的看法都有了质的飞跃，同时也让我认识了许多人，为我以后的工作和事业提供了很好的人脉和资源。

川一老师就是我在《美丽俏佳人》录节目时认识的。他当时还是电视台的编导，我每次跟川一对脚本时都发现他对美容保养这方面的研究比很多女生都透彻。说实话，一个男生能把美妆节目的脚本写得这么贴切，还真的是不多见，再加上我对这方面的内容相对了解不少，所以知道这绝不是随便从网上抄下来的。

由此可见，他私下一定对时尚、美妆、保养非常热爱。加上川一在大学念的是播音专业，外形条件和口才都超好，特别适合成为美妆达人，把他写在纸上的脚本变成自己的语言分享给大家。我当时其实很希望他加入我的团队，但那时的他还在做着编导的工作，所以即使我很欣赏他，也没有直接提出要挖他过来。

后来有一天他忽然来找我说，他辞职了。我说那你还在等什么，来我公司吧！就这样，川一成了我的签约对象。

— — —

虽然川一有不少优势都表明他适合做这项工作，不过人无完人，川一也有他的短板。因为不是专业化妆师出身，所以他缺少在后台的实际操作经验，但这些基本知识要从头恶补起来也还真不是一件容易的事，如果真的从头学，花费时间不说，效果如何也是一个未知数。

所以我便觉得与其让他从头学做一名美妆造型师，不如发挥他在保养和护理方面的优势。现在我们这个行业也开始有了新知识领域和发展点，比如精油这一门新学问，虽然现在精油是大家都很关注的新领域，但国内这块的专业人才很稀缺。于是我鼓励他去国外进修专业的精油知识，考取专业的学位。

川一接受了我的建议，一边旅行一边学习，这对于他自己来讲，应该也算得上是一次难忘的、意义重大的经历。果然，他的长处被挖掘了出来，播音主持的专业与新知识的相互糅合，使得他能轻松地把在国外的见闻和生僻的专业知识，转换成他自己的话分享给国内爱美的女生。

这种讲解方式看来是成功的，因为川一老师出名了，现在很多电视节目、颁奖典礼，甚至是美妆类比赛都喜欢请他去做嘉宾。他虽然是半路出家，但在专业知识和技能上都是过硬的。

无论在哪个行业里，一定要找到自己身上最与众不同的特点，这个特点可能是你的性格，也可能是你的特长，总之要挖掘出自己最不可替代的一面，这样才能获得脱颖而出的机会。

你好，亲爱的陌生人

由于工作的原因，我需要在各个城市之间飞来飞去，所以我不是在工作，就是在去往工作地点的路上。飞机，成了我最熟悉的交通工具。

相信你一定会在杂志或者网络上看到一些公众人物乘坐飞机时的状态，甚至你也可能亲身遇到过一些明星。印象里，他们通常都戴着帽子和口罩，遮挡住自己，一上飞机就倒头大睡。在以前，我几乎也是这个状态，不是睡觉就是看书，反正就是自己一个人享受独处的时光，绝对不会跟邻座的人聊天。

但是，那是在认识 Karmilla 之前。

说起我与 Karmilla 之间的缘分，还真是奇妙。我还记得那一天我乘坐的是从北京飞往广州的飞机，当然也是由于工作原因。登机之后，我打开一本时尚杂志，一个不经意的扭头，发现我的旁边坐了一位很漂亮的女生。她主动与我聊起我手里的杂志，聊起了瘦身、美容，也聊起了她的家人。Karmilla 告诉我，他们一家虽然住在广州，但是她从小接受的都是西式教育。其实不用她说，我也能够猜测到。我从不与邻座聊天，但是这一次却与她聊得十分投缘，估计也是她典型的西方人开朗的性格所致。

通过聊天，我了解到了 Karmilla 婚后定居在美国，并在那里的一家医疗器械公司上班。不过 Karmilla 倒是对美妆这方面很感兴趣。那次聊天，Karmilla 还给我分享了她自己平日里关注的瘦身体验课程，热情地给我介绍了美国最流行的减肥方式。

我与 Karmilla 聊得实在是太投机了，以至于整个飞行时间我们都没有停下来过。聊到高兴处，两个人的声音也大了起来，空姐不得不过来提醒我俩小声一点。

下飞机之前，我们交换了彼此的微信，也成了好朋友。后来，只要有时间，她就会和我交流时下最新的美容资讯。不过，Karmilla 始终不知道我的工作和身份。直到我们认识了很久之后，有一次她问我：“你很有名吗？”说实话，对于她这样的问题，我实在不知道该怎么回答，只能说还好吧。

– – –

因为彼此工作的原因，我们很少有机会见面。但是有一年我忽然收到她发来的微信，说她在广州，想要与我见一面。我一直觉得 Karmilla 是一个很开朗乐观的人，但我却从那一条微信里读到了认真和忧伤。

我知道，她一定是发生了什么事情。

恰好我当时也在广州，但是隔天就要飞走。于是，我俩就利用登机前的半小时碰了一面。果然，Karmilla 告诉我她离婚了，虽然有一些悲伤，但是她还是很乐观的，结束掉并不幸福的婚姻和生活，重新开始，做自己喜欢的事情，这样才不辜负人生。

Karmilla 想要按照自己喜欢的方式重新过一遍人生，她想要试着做一做与美妆相关的工作。对于她的想法，我自然是支持的。毕竟，她还年轻，又喜欢美妆，这些理由值得她迈出这一步。

三个月后，Karmilla 兴奋地告诉我说，她将洛杉矶的房子卖掉了，搬去了北卡罗纳州，并做了丝芙兰的美妆顾问。现在的 Karmilla 在丝芙兰做得如鱼得水，并常常把店里卖得最好的明星单品分享给我。

缘分真是妙不可言，我至今也不明白为何从来不和陌生人聊天的我那一天会与 Karmilla 畅聊，但我还是十分开心的：替自己开心，能交到这样的朋友；也替 Karmilla 开心，她能够找到真正的自己，过想要的人生。

我喜欢聪明的傻瓜

一个人的努力，是点滴积累的加法；一群人的努力，是迅速叠加的乘法。最激励人心的，不是某个响亮的口号，而是身边这些令人感到温暖的同行人。

我也记不清大概从什么时候开始，“小鲜肉”成了炙手可热的人物。不过，那些长相帅气、年纪轻轻就步入娱乐圈的大男孩还真的是让人眼前一亮。当然，“小鲜肉”在哪里都会受到人们的喜爱，不仅仅是在娱乐圈。

随着近几年大陆民众消费能力的快速升高，时尚产业也被带动起来。在造型行业里，也进入了越来越多喜爱和追求时尚的“小鲜肉”。在我的公司里，也有很多有潜力的“小鲜肉”造型师。当然，我对于他们的要求可不只是外表出众这么简单。

在公司里，我们会训练他们在荧幕上的仪态谈吐，教他们如何把他们想分享的东西用最简明的语言表达出来，以及面对媒体采访时，应该怎样避免不知所云地回答问题等。

目前，P.Style 造型在北京有三家店，每个店都有十多个发型师，一共加起来大约有五十人。这些人不仅有着“小鲜肉”的外表，也有着成熟的手艺和敏锐的时尚洞察力。在我看来，他们的潜力无限。每年在公司年会上看到他们的成长，我都会特别感动。

记得在有一年的公司年会上，一个台湾造型师稍微喝了点酒，借着酒劲，他鼓起勇气来到我的面前，想要表达他的感谢。

他热泪盈眶地跟我讲述他的经历：在来到 P.Style 造型之前，他在北京好几家发廊都工作过，可是每一次工作都不是太顺利，正当他心灰意冷准备放弃这个行业的时候，他无意间在三里屯看到了我们公司的招聘启事，他知道 P.Style 造型是我一手创立的，在专业性上肯定胜过他之前待过的单位。他下定决心最后试一试，如果没能应聘成功，他就回台湾。

没想到的是，他不仅应聘成功，而且还通过自己的天分和努力，在进店几年之后就成为店长了。说着说着，他自己激动地哭了。

我能够感受到他之前受挫的绝望，也能够感受到他现在的喜悦与感激。类似这样的例子还有好多，虽然过程有些不同，但是它们都有一个共同点，那就是每一个人的故事都让人很感动。

感动之余，这些动人的故事也激励着我，以后的日子里我仍需要继续努力。因为对于我来说，能够用自己的一点能力帮助所有跟我一样渴望在这个行业里大展拳脚的人实现他们的梦想与价值，这是很棒的事情。回想起自己刚刚来到大陆的时候，没有人指点我应该怎样去做，我完全就是自己硬着头皮去摸索，所以我知道对于一个追梦的人来说，拥有一个帮助自己实现梦想的平台是多么的重要。

– – –

就目前而言，市场需求越来越大，机遇也就多了，和曾经摸着石头过河的我相比，他们实在是幸运得多。

我很替他们高兴，也希望自己能够把我过往的经验分享给更多有需要的人，搭建更多平台，让更多有才华的年轻人得到最专业、最正规的培训，缩短摸爬滚打的时间，帮他们发掘几条通往成功的捷径。

像是上面我提到的那位来自台湾的店长一样，只要你有能力，未来的路就会越走越宽，越走越光明，事业也会越做越大。所以理所当然的，一些人会在积累了足够的经验之后，选择自己创业，自己当老板。

如果你当下或未来有创业的打算，我会送给你下面两条建议：

第一点，也是最重要的一点，那就是找一个值得信赖的合作伙伴。你与你的合作伙伴之间一定要互相信任，不能够有任何的猜忌和芥蒂，在这个基础上，你们还要尽量把各自的分工细致化、明确化，让彼此在各自的领域里发挥最大的效果，如果你们能够做到这些，那么你们合作所创造的效益也将会是一加一大于二的。

第二，在选择同事或员工的时候一定要选择聪明的。总体来说，我的同事们性格各异，有的很勤奋，有的带点儿小聪明。最开始我以老板的身份面试员工时，我认为一个人的认真态度是最重要的，其他都是可以后天培养的。但是过了几年之后我才意识到，如果他们的认真只是自顾自地蒙着双眼，向与我不同的方向使劲，那么就算是这个人再认真也是白费力气，反而我还要因为他的认真而变得更辛苦，要吃力地把他拉回来，事倍功半。

还有一些人的认真是真的有些“傻”。与这样傻认真的人一起共事，只会让我白白地增加自己的工作量。相反，如果和聪明的人一起工作，虽然他有时会有一些小聪明，但至少与他沟通起来会更高效，而我也能够节省出时间去做其他的工作。

很明显，一个会动脑子的人才能跟上你的步伐，更快地到达下一个目标。当然了，如果有既认真又聪明的人才，你可千万不要错过，这可是首选中的首选。

家人，是世界上最温暖的词汇

穿行在万家灯火中，挺起酸痛的腰背，望向星空，总有一个方向，牵着你的眼睛。追逐的人，在全世界奔走。等待的人，在原地守候。

家，就是每个人心里那份难以言说的情感，它并不浓烈，更像暖暖的荧光，滋养着你，映衬着你，能把平凡的谷米酿成芬芳的美酒。

我刚进入这行的时候，发型师、化妆师还都是在幕后工作，甚至当时连“造型师”这个名词都还很新鲜，没有广泛地出现在大众视野里。在当时人们的印象里，只有家庭条件不好的小孩才会去从事这个行业，他们大多十五六岁就辍学了，独自去到大城市打拼，养家糊口。

那些经济条件稍好些的家庭，大多是不会同意自己的孩子将来从事这份没什么前景又非常辛苦的工作的。这是对行业的偏见，也是存在已久的观念。

所以对于我来说，真的特别感谢我的家人。他们让我自由地选择想要的生活，从事喜欢的职业。将所有的担忧，都藏在年久日深的皱纹背后，藏在一声声叮咛背后，失去这样的支持，不知道我还能否成为今天的自己。

– – –

他们是很理性的父母，一直都有稳定的事业和收入，年轻时已经为自己存下安享晚年的钱，所以从来不会要求我和弟弟承担养家的义务，也不会强迫我们去做一份自己不喜欢的工作。尤其是我的妈妈，她不动声色地支持着我走的每一步，她愿意看到我做自己喜欢的工作，甚至愿意接受可能会失败的我。

她说，年轻的时候就要尽量放手去博，实在不成功的话就回家好了。

正是这句话，让我体验到了亲情如山的力量，只要它在那里，我的心就是安定的。

而今，我和弟弟都长大了，也都有了各自的公司和稳定的事业。

我爸和许多中国式父亲一样，是不善言辞、将爱放在心里的那种人，他不太会表达自己的情感，很少当面夸赞我。但每当我们一家人坐在一起聊天的时候，我却能清晰地感受到他很为我们兄弟二人骄傲，甚至在朋友面前，也偶尔拿我出来炫耀一下。

现在，我的父母亲都退休了。没有了繁忙的工作，他们开始有更多的时间享受晚年生活，单纯去做感兴趣的事，和喜欢的人交往。

我爸和朋友们组了一个二手车俱乐部，每天开着自己改装的摩托车，围着台湾环岛骑行。我妈和她的几个好姐妹一起开了家意大利餐厅，每天都会去店里视察一下工作，或者跟姐妹们喝个下午茶，聊聊天。

我的工作重心从台湾转向了大陆，生活重心也搬到了大陆。但是我会尽量每三个月回台北一次，每次停留两三天。在那几天的时间里，我会跟爸妈吃个饭，跟外婆逛逛花市，我很留恋那种温情。

有一种爱叫粉丝

曾经做过一些人的粉丝，觉得在众生之中，可以对一个人默默喜欢和关注，很美好。当有了自己的粉丝，心中除了感恩，说不出其他。能获得他人的关注，何德何能，我愿意虔诚以对。

我不是演员或者歌星，我的粉丝更加理性。他们更多是信赖我的造型经验，所以常常询问相关问题。专业之内，我不遗余力，一定会耐心回答。

渐渐地，也有不少年轻的学生向我询问一些人生议题。尤其是一些准备找工作的大学生，他们的问题则和择业有着密切的关系。我并非人生导师，不敢对别人的人生妄加评判，但是从专业出发，我会首先告诉他们，得体的外形是大学生立足社会的必要因素。

前些年我开始频繁地在大陆高校中组织路演、讲座等各种形式的分享活动。起初公司安排时，我还挺忐忑的。毕竟以往的分享会都是跟品牌合作，或是在自己的新书发布会上，受邀来的要么是时尚爱好者，要么是媒体，或多或少都会对美妆造型有兴趣和了解。

但是大学生不属于那几类人群，为了达到良好的演讲效果，也为了让学生们了解美妆的知识，我在前期和同事们进行了很仔细的研究，还专门拟订宣讲的内容。针对不同院校，我分享的内容和侧重点也会有所不同，并且会提前做好功课，根据不同学校的科系分配，男女生比例，学生毕业后可能会从事的职业等特点做出相应的调整。

例如去中国传媒大学时，我会偏重讲潮流时尚，或是分享自己录节目时的心得，而在清华、北大这样的综合类院校，我则更注重实用性，告诉大家日常学习压力大时，应该怎么保养皮肤等知识。

后来我发现大家对美妆、造型这部分的分享还是很感兴趣的。每次在演讲最后的提问环节，同学们总是踊跃发言。这当中，我最常被问到的问题是：在面试时应该怎样穿着打扮？

对于刚进入职场的年轻人来说，学好化妆不止意味着私下和朋友们在一起时打扮漂亮，随着时代的发展，得体的打扮、精致的妆容也已经成为企业在选择员工时考察的因素之一，因为良好的气质在工作和面试中都是非常加分的要素。

这么多年来，最感谢的还是那些见过的、没见过的粉丝们。他们是离我最遥远的人，同时也是最关心我的人。不管是每次发布会上挤得满满的人，还是微博微信上的那些留言，都是我做好手上每一件事的动力。

为别人带来价值，也是我的价值。

一个叫晓晨的女生，她是我只要在南京做活动就一定会见到的人。第一次见她是十年前，我在南京办签售会。签完书，读者陆续都走了，她和几个粉丝留下来跟我合影，拍完照，我挥挥手和她说再见，但当时晓晨就激动得哭了，这让我印象非常深。不过那只是个开始，在那之后的十年，每次只要我去南京或上海，她都会坐车赶到现场。有时候担心我和同事们工作辛苦，忙得顾不上吃东西，她就自己带着食物到现场给我们吃。她真的是一个非常细心的小姑娘！

有一次，我们的飞机降落在南京时已经是凌晨了，但一到酒店，她已经准备好了鸭血粉丝、小笼包之类的夜宵放在房间里，我们感到非常温暖。在城市间奔波着，却总能在陌生的地方收获关怀，她用心做的这一切，我都记在心里。

也因为活动的缘故，晓晨结识了几个女生，她们一见如故，成为朋友，并组织了我的粉丝团“P 萨全球后援会”，晓晨是会长。

晓晨常常发一些粉丝们聚会时的照片跟我分享，她和我的助手们的交情都很好。后来她来北京玩的时候，我们便请她去 P. Style 造型店里换了发型，还带她去北京最著名的几个景点逛了逛。我们之间的关系其实更像是朋友，后来，她还被我发展成了半个“员工”。

P.Style 造型刚刚计划在南京开店时，苦于人生地不熟，一时找不到合适的店铺。当我们想如何开展下去时，大家都不约而同地马上想到晓晨，于是找到了她，告诉她我们的打算。晓晨知道后立刻投身进来，还特别辛苦地当了几天我们的地陪，带着发型师满南京城寻店。

在她的帮助下，我们终于找到一家年轻人比较集中的商场，但可惜的是，店铺都已租出去了。不过晓晨没有就此放弃，她又托自己的关系，帮我们想办法。我和我的团队，真的很感谢这个善良的女孩。这些年来，我看着她从一个爱哭鼻子的小女生，到念完大学，毕业后成为优秀的新媒体维护人才，心里有一种别样的感触。

在粉丝中，还有很多如晓晨一样的人，我看着她们从念高中，到考上大学，然后毕业工作，生儿育女。在工作上遇到不顺心的事时也会跟我说，我很高兴能在她们的人生当中扮演一个值得信赖的角色，像前辈、像朋友、像家人……这些年我们陪伴着彼此一起长大、成熟，这对于我们来讲，都是一件值得珍藏的情谊。

后记

一直认为造型艺术起源于日本，但其实造型艺术是一门很古老的艺术，比如，原始时期祭祀时巫师的造型，中国戏剧人物的造型，甚至是敦煌石窟中人物的造型，都是造型艺术的体现。

以造型为生，始于无心插柳，后来一心追随，如今已经四十不惑。

工作近二十年，看到了世界上最优秀、最顶尖的艺术，也努力将接触到的所有艺术理念，应用到实际当中。在这个过程中，我充满喜悦和成就感。

我为明星打造造型，也为观众提供造型方案。愿所有人都越来越美。有人说，时尚，“时”是每一寸光阴，“尚”是高尚。也就是追求一种艺术品位的生活，包括衣食住行的方方面面。

人们的生活方式以及价值观念在更新，审美意识和消费心理也在时时变化。作为一名造型师，我愿意继续深耕在美的土地上，聆听最原始的悸动。

落笔至此，我已深陷在回忆里。

四十年仿佛重演了一遍，我感恩，可以有机会如此具体地反刍曾经走过的路，进行一场关于梦想的诉说，关于时间的祭奠。

路，还在继续。

故事，也并未完成。

因为梦想的存在，
生命有了诗意和温度。

平和，
是生命的参透，
是忽然在虚无的人生里寻找到意义。

我住在大时代的小画面里，
手捧梦想，
与时间微笑对视。

图书在版编目（CIP）数据

无可 P 美：唯有梦想值得义无反顾 / 小 P 老师著 . —武汉华中科技大学出版社，2017.3

ISBN 978-7-5680-2558-4

Ⅰ . ①无… Ⅱ . ①小… Ⅲ . ①小 P 老师 – 自传 Ⅳ . ① K828.9

中国版本图书馆 CIP 数据核字（2017）第 001324 号

无可 P 美——唯有梦想值得义无反顾

Wuke P Mei—Weiyou Mengxiang Zhide Yiwufangu

小 P 老师 著

策 划 人：李升炜　亢博剑

责任编辑：杨　静

书籍设计：瞿中华

责任校对：张会军

责任监印：张贵君

出版发行：华中科技大学出版社（中国 · 武汉）　电话：（027）81321913

武汉市东湖新技术开发区华工科技园　邮编：430223

印　　刷：北京联兴盛业印刷股份有限公司

开　　本：880mm × 1230mm　1/32

印　　张：9.75　插页：32 页

字　　数：200 千字

版　　次：2017 年 3 月第 1 版第 1 次印刷

定　　价：48.00 元

本书若有印装质量问题 请向出版社营销中心调换

全国免费服务热线：400–6679–118　竭诚为您服

华中出版